Harward University

Bemerkungen über einige Originalschriften des Illuminatenordens

Harward University

Bemerkungen über einige Originalschriften des Illuminatenordens

ISBN/EAN: 9783743610965

Hergestellt in Europa, USA, Kanada, Australien, Japan

Cover: Foto ©ninafisch / pixelio.de

Manufactured and distributed by brebook publishing software
(www.brebook.com)

Harward University

Bemerkungen über einige Originalschriften des Illuminatenordens

Bemerkungen
über
einige Originalschriften
des
Illuminatenordens,

welche
bey dem gewesenen Regierungsrath Zwack
durch vorgenommene Hausvisitation zu Landshut
den 11. und 12. Oktob. ꝛc. 1786. sollen gefunden,
und auf höchsten Befehl Sr. Kurfürstlichen
Durchlaucht zum Druck befördert
worden seyn.

Der Sachen lange Reih', der Umstand, Zweck
und Grund
Bestimmt der Thaten Werth, und macht ihr
Wesen kund.

Haller.

Frankfurt und Leipzig. 1787.

Vorrede.

Drey Jahre lang verfolgt schon die bairische Regierung die Illuminaten-Gesellschaft, entzieht einzelnen Mitgliedern ihre Staats-Bedienungen, verbannt sie aus ihrem Vaterlande, läßt sie mit Frau und Kindern darben, brandmarkt sie öffentlich als die größten Bösewichter, die Prediger auf den Kanzeln müssen sie als solche dem Volke schildern, man sperrt den Verfolgten alle Wege zur Justiz, versagt ihnen jedes gerichtliche Verhör, und je mehr sie um Gerechtigkeit bitten, desto mehr werden sie unterdrückt. Nach allen diesen Schritten sucht man erst die Beweise zu den angegebenen Verbrechen, man kann keine Thaten aufbringen, es werden also Schriften, Worte und Gedanken durchforschet, es werden die Häuser durchspähet, Küsten geöffnet, Schränke aufgebrochen, und endlich erscheint eine Vertheidigung des bisher unbegreiflichen Verfahrens, indem man dem Publikum einen Band Schriften vorlegt, welche bey einem Illuminaten sollen gefunden worden seyn. Jetzt sind
diese

diese Sektirer nicht mehr Landesverräther, Rebellen gegen den rechtmäßigen Fürsten, Mörder des wittelspachischen Hauses, nicht mehr die thätigen Werkzeuge des kaiserlichen Hofes zum baierischen Ländertausch, nicht die Triebfedern von der Einführung des Maltheser-Ordens, nicht die geheime Pflanzschule und die Bundeslade der Jesuiten, nicht Schuld an der übeln Finanz-Verwaltung Baierns, an dem gegenwärtigen äussersten Mangel in den Kameralkassen, an dem Verfalle des Kommerzes, an der Menge ungebauter Ländereyen und verlaßner Bauernhütten, haben keinen Theil an den schlechten Staats-Anstalten zur Minderung der Bettler und Räuber, an dem Banqueroute der Spitäler, an Veräusserung der Domanial-Gefälle, und Vermehrung drückender Abgaben.

Ferne sey es von mir, als wenn ich durch diese Stelle meine Leser wollte glauben machen, daß in Baiern eine schlechte Finanz-Verwaltung, Kassemangel, u. s. w. herrsche. Das sind Klagen, die bey Zeit und Umständen in jedem Lande öfters ohne allen Grund von Unzufriednen verbreitet werden. Ich sage hier nur, was die
Fein-

Vorrede.

Feinde der Illuminaten in und außer Baiern gesagt und geschrieben haben, und nehme dabey ganz gerne die Vermuthung an, daß solche Leute nach dem verschiedenen Verhältnisse und Interesse derjenigen Personen, bey denen diese Beschuldigungen müssen geltend gemacht werden, eben so aufgelegt und bereitwillig gewesen sind, der Regierung und dem Lande Mängel anzudichten, als die Illuminaten für Veranlasser derselben auszugeben. Dergleichen Beschuldigungen hat man verlassen, man schritt zu neuern. (*) Nunmehr sind sie als Giftmischer, die das Banditen-Handwerk verstehen, als Beutelschneider, Justizmäckler, Pasquillanten, Sittenverderber und Heuchler, als ungebethene Afteraufklärer gemalt, sie sind als Leute in's Licht gesetzt, die die Verwaltung der Kirchen-Gelder an sich rissen, und die Direktion der Volks-Schulen als eine ihrer Gerechtsame betrachteten. — Arme Baiern, wenn das Klopffechter-Spiel mit den Illuminaten vorüber ist, wenn man

die-

(*) Bey Karl V. hätte keiner Jemanden eines Verbrechens wegen anklagen dürfen, ohne hinlängliche Beweise darüber führen zu können. Der Ankläger mußte mit Leib und Gut für die Wahrheit seiner Anklage haften.

Man lese den XII. Art. der peinl. Halsgerichtsordn.

diese hingewürgt hat, wenn man eure Aufmerksamkeit von wichtigern Angelegenheiten und nähern Uebeln nicht mehr durch diese Auto da Fe abwenden kann: dann wird die Reihe eine andere Klasse Bürger treffen, man wird dort Zimmer und Schränke aufbrechen, und, Gott weiß, welche Beweise die Schikane alsdenn vorfinden und die Konsequenzmacherey erkünsteln wird!

Nehmet dieses Werkchen nicht allein als eine Vertheidigung für eure unglücklichen Mitbürger, die Illuminaten, an, sondern als einen Stoff zu eurer eignen Vertheidigung auf künftige Fälle, zugleich auch den innigsten Wunsch eines deutschen Biedermannes, daß Gott euern besten Landesfürsten erleuchten möge, um zu sehen, wie Er seine eignen Unterthanen dem Privat-Eigennutze und den Feinden der Vernunft opfere!

Allgemeine Bemerkungen.

§. 1.

Die Mühe, die sich die bairische Regierung giebt, allenthalben die Original-Schriften zu verbreiten, der Ankündigungston einer Revision über das Illuminaten-Wesen, (*) und selbst die Vorrede der Original-Schriften zeigen, daß man zu München glaubt, man hätte unüberwindliche Beweise zur Rechtfertigung der Illuminaten-Verfolgung geliefert. Vor allem also ein Wort über die Gültigkeit dieser Beweise.

1) Diese Schriften wurden von einem Officier und *NB.* einem Jesuiten, in der Abwesenheit des vor-

---

(*) Unter diesem Titel (fängt die Ankündigung an) wird binnen kurzer Zeit ein Werk erscheinen, das diesen bisheran so sehr dunkeln und verwickelten Gegenstand erschöpfen, vielleicht ganz entscheiden wird; denn itzt erst nach Erscheinung der auf höchsten Befehl herausgegebenen illuminatischen Originalschriften kann dieses auf eine das Publikum befriedigende Art geschehen.

vorgeblichen Eigenthümers, und ohne einen ex officio aufgestellten Anwalt also auf die unförmlichste Art weggenommen. Die Haus-Durchsuchung durch solche incompetente Personen und auf diese unrechtmäßige Weise ist daher eine Fortsetzung der bekannten vielen Gewaltthätigkeiten.

2) Sie sind nach dieser Verfahrungs-Art ein wahres Spolium. Und da die Spoliatores nicht zugleich als Zeugen auftreten können, womit beweisen sie, daß diese Schriften beym Regierungsrath Zwack gefunden wurden, daß sie in dieser Ordnung und in diesen Verhältnissen vorhanden waren, daß keine und nicht eben diejenige, welche am meisten die Unschuld der Illuminaten, die Abänderung und Verbesserung ihres ersten Plans, und den Gehorsam gegen die landesherrlichen Gebothe hätten an den Tag legen können, gestümmelt, unterdrückt, vernichtet wurden? (*)

3)

(*) Einer der kurfürstlichen Kommissarien hat ja schon einmal ein, seinen Anverwandten betreffendes, Actenstück sogar in dem Kommißions-Zimmer heimlich zu sich gesteckt.

S. Weishaupts Einleitung zu seiner künftigen Vertheidigung.

Wenn man vollends auch noch die in vielen Journalen bekannt gemachten Bittschriften und Briefe des Regierungsraths Zwack über diesen Punkt nachliest, wenn man bedenkt, in wie vielen feindlichen Händen diese Schriften sechs Monate vor ihrem Drucke herumgezogen wurden: so zweifelt man noch mehr an ihrer Aechtheit und Gültigkeit.

3) Nicht nur in diesem Betrachte mindert sich das Vertrauen und die rechtliche Vermuthung für die Regierung, sondern auch deswegen, weil solche nach ihrer eignen Vorrede durch die Bekanntmachung der sogenannten Originalschriften allein die Absicht erreichen wollte, sich gegen die bisher gemachten Vorwürfe über ihre Verfolgungen zu vertheidigen. Die Regierung ist also Parthey, hat eben daher alles angewendet, alles gesammelt, alles auffallend zu machen gesucht, was nur ihrem Endzwecke günstig seyn konnte, und hat aus eben dieser Ursache die Vermuthung wider sich, daß sie all dasjenige wegließ, was die Beschwerden gegen sie hätte rechtfertigen, und den Richter für die Gegner stimmen können.

4) Diese Vermuthung wird um so gegründeter, als man in München alle Gewaltthätigkeiten gegen die Illuminaten in das heilige Gewand der Gerechtigkeit zu hüllen suchte. So wollte man das Publikum durch die Herausgabe der Originalschriften bereden, daß man die Illuminaten wegen Verbrechen strafte, wider die die Beweise gen Himmel schreyen. Indessen weiß die ganze Welt, und die Regierung bekennt es selbst, daß diese Schriften erst im Oktob. 1786. gefunden, und daß dennoch die Illuminaten schon im Jahre 1784. verfolgt wurden.

5) Nebendem tragen diese Schriften das Gepräge der Gehäßigkeit und des Partheygeistes so sehr an sich,

sich, daß es keinem sehenden Menschen entgehen kann. Es war nicht genug, daß der schlaue aber eben nicht gewissenhafte Sammler jedes in sich unbedeutende Papierchen, jeden hingeworfnen Gedanken in eine willkührliche Ordnung setzte, wo sie in einem der Regierung günstigen Lichte erscheinen sollen: er schüttete seine Galle auch in bittern Anmerkungen aus.

6) Und endlich erhalten die Beweise selbst dadurch kein grösseres Gewicht, daß man sich erbiethet, die Originalien im geheimen Archive Jedermann zur Einsicht vorzulegen. Nach der Vorschrift der Gesetze müssen die Verfasser vor dem ordentlichen Gerichte ihre Handschriften selbst anerkennen, oder vor diesem durch die Vergleichung einer schon anerkannten eignen Handschrift überwiesen werden, daß die angeschuldigte Schrift die ihrige sey. Allein wann ward dieses Mittel zur Wahrheit zu gelangen den Beklagten gestattet? wie kann ein Dritter von der Originalität urtheilen? Doch wir nehmen selbst an, daß die Handschriften ächt seyen. Und nun entstehen die Fragen: Sind diese Schriften nur als Entwürfe oder als ausgeführte Plane zu betrachten? Was ward davon angenommen? was verworfen? Alles, oder nur ein Theil davon? Zu was für einem Endzwecke, und bey was für einer Gelegenheit kamen sie zu Stande?

Darüber können keine Buchstaben sprechen, aber eine

eine gesetzliche Untersuchung, nach der die Illuminaten seit dreyen Jahren vergebens seufzen, hätte das Publikum befriediget, und die bairische Regierung von den vielen Vorwürfen befreyet.

§. 2.

Es ist unbegreiflich, daß ich über das Eigenthumsrecht eines Ackers drey Gerichtsstellen durchstreiten kann, und was mehr als alle Güter dieser Erde ist, meine Ehre, soll ich durch einen einzigen Machtspruch aus dem Kabinete verlieren? Montesquieu hielt eine solche Justizverwaltung nur in Asien zu Hause; und die Kammergerichtsordnung weiß von dergleichen bis auf den heutigen Tag noch nichts? Oder rechtfertigt sich ein solches Verfahren gegen die Illuminaten besonders? Wenn sie Mitglieder einer geheimen Gesellschaft waren, hörten sie deswegen auf Menschen, Bürger des Staates, und in Deutschland nicht allein Unterthanen ihres Fürsten, sondern auch des Kaisers und des Reichs zu seyn? Wo sind sie der verruchtesten Verbrechen überführt, die sie aller Rechte verlustig machen, und warum hat die bairische Regierung Papiere statt Thatsachen geliefert? Papiere, die, im Ganzen genommen, für die Illuminaten sprechen. Um sie aus dem rechten Gesichtspunkte zu beurtheilen, muß man sich nur zuerst mit der Verfolgungs-Geschichte der Illuminaten, mit den Apologien der verschiedenen

denen Mitglieder, mit ihren Bittschriften, mit ihren Vertheidigungen, und den von Niemanden als ächt widersprochenen Ordensſatzungen und Graden genau bekannt machen. Man muß die moraliſchen und bürgerlichen Charaktere derjenigen kennen, die in den Originalſchriften die Haupročen ſpielen, und die wir an Ort und Stelle in der Folge anführen wollen. Man muß endlich denken, daß Freund zu Freund ſpricht, daß ſie ſich ihre Schwächen geſtanden, daß ſie ſich ihre Meynungen mittheilten, um einander klüger und beſſer zu machen, daß mitgetheilte Gedanken dem Staate nicht ſchaden können, ſo lange ſie nicht in Handlungen übergehen, und daß Gedanken zollfrey bleiben, weil ſie keinem Fürſten ſondern Gott unterthan ſind.

Hat man nun einmal die ganze Sache innen; dann urtheile man, mit was für einem Rechte die Verfolgung ſeit dem Jahre 1784. fortdauert, und wie ſehr die Feinde der Illuminaten den beſten Fürſten misbrauchen mußten, daß einige Tage nach der Bekanntmachung der Begnadigung ſein Fürſtenwort gebrochen wurde, (*) wo doch keiner von den Verfolg-

---

(*) Die an alle Kollegien in Baiern erlaſſene höchſte Verordnung enthält folgendes: „So ergehet hiemit der weitere ernſthafte Befehl, daß ſich

Imo alle und jede dieſer Sekte noch anhangende Vorſtände und Mitglieder der Kollegien längſt inner 8 Tagen von Zeit der in plena Seſſione beſchehenen Pu-

folgten von Jemanden des Ungehorsames überführt werden konnte, vielmehr jeder seinen Gehorsam per pro-

Publication schriftlich und zwar die Vorstände unmittelbar bey der höchsten Stelle, die andern Mitglieder aber entweder ebenfalls alldorten oder bey ihrem Vorstand sich angeben und manifestiren sollen mit der Erklärung, daß sie von dieser Sekt gänzlich abstehen, sohin weder ihre Winkel conventicula mehr besuchen, noch andere dazu verleiten und anwerben, oder dahin contribuiren, vielweniger sich bey auswärtigen Logen engagiren wollen und werden. Wer sich nun

2do von den existirenden Freymaurern und Illuminaten dem kurfürstl. Befehl in allem gehorsamst submittiren, sofort die anverlangte Manifestation und Erklärung inner dem gesetzten peremptorischen Termin abgeben und seinen begangenen Fehltritt bereuen wird, dem wird man solchen auch vergeben, und die verdiente Strafe nachlassen."

Diese Verordnung ward am 16. Aug. 1785. im Kabinete ausgefertigt, und am 19ten fieng schon die Verfolgung gegen Savioli, Kostanzo, Hertel, Zwack u. a. an, da also die Illuminaten kaum Zeit hatten, das Verboth zu übertreten, und obgleich Se. Kurfürstl. Durchl. dem Herrn Grafen Seinsheim versprach, niemals gegen Grafen Savioli ungehört zu verfahren. Man lese den Brief des Herrn Grafen Seinsheim an den genannten Verfolgten in der Apologie der Illuminaten. S. 250.

Wer an der Aechtheit der vorgesetzten Verordnung zweifelt, kann das Original bey der geheimen Registratur, und die vidimirten Kopien in allen Kurfürstl. Kanzleyen in Baiern einsehen.

probationem negativam darthun wollte; (*) dann sage man, ob nicht selbst diese Schriften Mitleid erregen müssen, und ob nicht die Illuminaten sogar für ihre Bekanntmachung danken sollen, da durch ihren unbeträchtlichen Inhalt die Furcht vor dem Geheimen auch itzt bey dem größten Haufen vernichtet wird. Um das Unbeträchtliche des Inhaltes zu zeigen, schreiten wir zu den besondern Bemerkungen. Was wir bisher sagten, soll nur die Hauptsache in ein helleres Licht setzen. Wir wollen aber nichts weniger, als uns unter selbiges wie unter Ausflüchte verkriechen; wir waren deswegen so kurz, weil wir gerne die Schaale verlassen, um zu dem Kern zu kommen.

(*) Diese probationes negativae finden sich in den Aussagen des Grafen von Savioli, des Marquis von Costanza, des Herrn Kanonikus von Hertel, in der Bittschrift des Herrn Doktor Baaders auf der Seite 230 bis 254. der Apologie der Illuminaten und im Schreiben des ehemaligen Regierungsrath Zwack an den Freyherrn von Belderbusch vom 2ten Nov. 1786., welches in mehreren Journalen gedruckt ist.

Besondere Bemerkungen.

§. 3.

Wenn es gleich gewiß ist, daß einzelne Stellen gar nichts beweisen, so bald andere Stellen vorhanden sind, welche uns von dem Gegentheile einleuchtender überführen; wenn gleich alle Briefe zusammengenommen nur Bruchstücke sind, die nicht das Ganze, die nur einen sehr kleinen Theil dieses Ganzen darstellen; wenn sie gleich alle beweisende Kraft verlieren, sobald von spätern Zeiten die Rede ist, sobald der Leser mit dem Charakter der handelnden Personen, mit allen Umständen, mit dem ganzen Gange der Sache, mit der vollständigen Geschichte dieser Verbindung bekannt wird: so hoffen wir doch selbst demjenigen, der diesen Standpunkt, die Sache zu betrachten, sich gewählt hat, manchmal nähere Aufschlüsse zu geben, und andern den Weg zu erleichtern, auf dem sie erst zum wahren Standpunkt zu kommen suchen.

Wahrheit sey unsere Führerin, und Redlichkeit unsere Gefährtin!

§. 4.

§. 4.

Das Titelblatt giebt unserm Auge den ersten Stoff. Da heißt es:

1. Einige Originalschriften ꝛc.

Dieser Ausdruck könnte auf den Argwohn führen, als wären noch mehrere und wichtigere im Hinterhalte des bairischen Kabinets. Allein dieser Argwohn wird dadurch zernichtet,

a. weil in den Originalschriften häufige Stellen stehen, welche selbst Beweise für die Illuminaten sind. Dergleichen Stellen hat, wie wir zeigen werden, die Regierung nicht widerlegt. Sie hätte es aber gewiß gethan, wenn sie es durch fernere Beweise gekönnt hätte;

b. weil sie sonst ihre Absicht nicht erreicht hätte. Man kann eine Sache entweder zu wenig, oder vollständig, oder zu viel beweisen. Wer das erste oder letzte thut, beweist nichts; wer einen vollständigen Beweis führen will, muß unumstößliche, soviel als möglich bewiesne Gründe anführen.

Kein Schluß ist also natürlicher, als daß das Wort Einige nur ein scheinbares Schreckwort seyn soll, und daß man sich hinter dunkle Ausdrücke verkrieche, weil man das Licht der Wahrheit scheue. Es thut mir leid, daß ich so harte Worte brauchen muß; aber es ist nöthig, wenn ich anders die Sache bey ihrem Namen nennen will.

§. 5.

2. Auf höchsten Befehl Sr. Kurfürstl. Durchlaucht ꝛc. Hier hätte es heissen sollen: Auf Befehl des Pater Frank, und Genehmigung des Staats-Kanzlers. Was sich von den höchsten Befehlen denken läßt, welche in Justizsachen aus dem Kabinete kommen, haben wir oben im §. 2. bemerkt.

§. 6.

Wir wenden uns itzt an die Originalschriften selbst, und theilen unsre Gedanken über jedes Merkwürdige nach der Seitenzahl mit.

S. 3. Die dem Spartakus vorgesetzte Zahl 776, bedeutet nicht die Anzahl der Mitglieder, sie ist blos willkührlich gewählet, weil der Orden in diesem Jahre seine Entstehung fand, und Spartakus der erste Stifter war.

§. 7.

S. 5. Der Vorschlag zur Errichtung eines Frauenzimmer-Ordens ist, also das einzige schändliche Papier, welches die Regierung von Zwack vor der Hausdurchsuchung hatte; ist also der einzige Beweis, der das vorhergegangne Verfahren der Regierung gegen den Verfolgten rechtfertigen soll? Wir wagen einige Bemerkungen darüber.

Der

Der Titel zeigt schon, daß die Errichtung des Weiberordens ein bloßer Vorschlag sey, und das Unzusammenhängende im Aufsatze trägt das Gepräge eines hingeworfenen unausgeführten Gedankens an sich. Nirgends trift man die geringste Spur an, daß der Vorschlag dem Orden nur vorgetragen, geschweige von ihm angenommen und in Ausübung gebracht ward. Er ist also blos Gedanke, und wo ist das Gesetz, das Gedanken verbiethet, wo ein gesittetes Volk, das sie strafet? ich bin weit davon entfernt, den Gedanken zu vertheidigen. Aber er verdient doch Nachsicht. Vielleicht ließ sich Zwack in dem Augenblicke, als er ihn dachte, von der Authorität eines probabilistischen Theologen hinreissen, da die Layen von jeher den Priestern ihrer Religion so gerne nachbetheten. Die Geschichte weist uns ja manche Beyspiele auf, wo selbst der Gewissensrath eines Königes, wie der berühmte Jesuite, François de la Chaise, Beichtvater Ludwigs XIV., (*) seinem schwachen Beichtkinde Maitressen kuppelte. Dergleichen Beichtväter sahen ihre Werke sogar als verdienstvoll an. Sie sagten: Eine Phryne bleibt so lange Phryne als sie Reitze hat, oder solche affektiren kann. Sie wird sich also allezeit entschädigen, wenn wir sie an ihren Galanterien hindern. Ein Wohllüstling bleibt immer Wohllüstling, um so mehr,

(*) S. Confeſſion du Pere de la Chaiſe, Confeſſeur de Louis XIV.

mehr, wenn er ein Fürst ist, und also weniger Hindernisse hat, seine Lüste zu befriedigen. Sind wir gegen ihn strenge, so wird er unsrer müde, und nun haben wir alle Gelegenheit verloren, etwas gutes zu stiften. Sehen wir aber dieser seiner schwachen Seite nach, lassen wir ihn das ruhig geniessen, was in seinen Augen ein so grosses Gut und ihm so nothwendig geworden ist; so glaubt er, daß wir es gut mit ihm meynen, er wird uns in allem übrigen willfahren, und wir können die besten Absichten leicht durchsetzen. Es ist ja ein Meisterstück, wenn man noch aus den Hefen der menschlichen Neigungen nur wenige Tropfen des ächten Tugendgeistes abzuziehen sucht. Die reinste Weisheit lehrt, daß das Urwesen selbst in seine Werke eine solche Ordnung brachte, die aus den Gebrechen seiner Geschöpfe neue Vortheile für selbe schafft. Wenn nun ein Fürst dennoch dem Triebe der schwachen Natur folget; wenn er doch in Ausschweifungen geräth: ist es nicht besser, daß seine Fehler unter unserer Aufsicht stehen, und muß man nicht nach der Meynung der strengsten Theologen ein kleineres Uebel wählen, um ein grösseres zu vermeiden? Oder wenn Zwack nicht durch so was auf seine Gedanken kam; so dacht er vielleicht an die besondern Verschwisterungen und weibliche Ritterorden zu den Zeiten der Kreuzzüge, wo eine zahllose Menge von Mädchen und selbst von Nonnen nicht nur in männlicher Waffenrüstung den Zug mitgegemacht, sondern unterwegs die nächtliche Ruhe dazu angewandt haben, auch für die Zukunft junge Recrüen zu pflanzen (*). Diese hatten sogar Heilige zu Schutzpatronen, z. B. die H. Poniatovia u. a. m.

Uebrigens hängt dem Vorschlage keine Mackel an, weil er ein Mittel hätte seyn sollen, Geld zu guten Absichten zu sammeln, und hinter die Schliche der Schurken zu kommen, um sie in der Brut zu ersticken. Endlich zeigt die Einrichtung selbst, daß Zwack Sittenverderbniß dabey verhindern wollte. Er hätte daher getrachtet, die Tugendhaften von den Ausschweifenden zu trennen, und jenen Bücher in die Hände zu spielen, durch die sie Familien-Glückseligkeit und ächte Grundsätze von Erziehung gelernt hätten.

§. 8.

S. 7. Portraits des Demoiselles a Mannheim. Unter dieser Aufschrift erschien vor einigen Jahren ein Pasquill in Mannheim, und der Sammler setzte die Aufschrift gleich neben dem Vorschlag zur Errichtung eines Frauenzimmer-Ordens, als wären diese schon dazu ausgesucht gewesen. Heißt das nicht alles lieblos verdrehen, und zusammenstoppeln, um der Sache einen gefährlichern Anstrich zu geben? Oder soll es beweisen, daß die Illuminaten die Verfas-

(*) S. Gerberts Hist. pigrae Silvae, Th. I. B. VII. s. 202.

faſſer dieſes Pasquills ſind? Zulezt müſſen die Illuminaten alle Pasquille gemacht haben, die ſeit 1776 zu Rom am Pasquin aufgehangen wurden, wenn man bey einem Mitgliede des Ordens die Abſchrift eines einzigen findet.

§. 9.
S. 8. O die Afteraufklärer! Die Illuminaten „haben eine ſchöne Sammlung von Naturalien, „und phyſikaliſchen Inſtrumenten, auch eine Bi„bliothek, welches alles die Mitglieder von Zeit zu „Zeit vermehren; ſie benutzen einen Garten (*) zur „Botanik; der Orden verſchafft den Brüdern alle „gelehrte Zeitungen; macht den Fürſten und Bür„ger durch gedruckte Piecen auf gewiſſe Misbräu„che aufmerkſamer, widerſetzt ſich nach Kräften „den Mönchen, und hemmt den Goldmacher-Greu„el der Roſenkreuzer." Auf dieſe Art würden die Leute vernünftiger, und ſie würden ſich nicht mehr von den Jeſuiten am Narrenſeile führen laſſen. Allein

(*) Es iſt in München bekannt, daß der Garten und das Haus von einem Ordens-Mitgliede gekauft und das Geld dazu aufgenommen ward. Man zahlte ſolches ſogleich zurück, als das Haus und der Garten nach dem Kurfürſtlichen Verbothe zur Entfernung des Argwohns, wieder an einen Profanen verkauft wurde. Die Ordens-Kaſſe muß alſo auch dort ſchlecht beſtanden haben, weil ſie nicht einmal im Stande war, Geld zum Hauskauf vorzuſchieſſen, welches dem Orden allein zum Gebrauch gewiedmet war, und für das man jährlich Intereſſen zahlen mußte.

lein da kann man sich leicht denken, daß Jesuiten und Jesuiten-Freunde diejenigen verfolgen, welche ihr Reich zerstören wollen. Ganganelli mußte aqua Tofana trinken. Aber der Menschenfreund streitet unerschrocken gegen die Feinde der Menschheit, er bedauert den edlen Streiter, der neben ihm fällt, er kämpft sodann mit doppelten Kräften, weil er nun einen Gehilfen weniger hat,

  Et la chute meme du monde
  Ne Sauroit le faire trempler.
      RIUPEROU.

§. 10.

S. 8. 9. 10. 11. Gegen die Aechtheit der Progressen des Ordens im politischen Fache entsteht bey jedem, der Baiern genauer kennt, ein nicht ungegründeter Verdacht. Es heißt: Der Orden hätte diese Schritte in einem Jahre gemacht, da doch darinn Vorfälle enthalten sind, welche sich in mehrern Jahren zugetragen haben. Wenn man sie aber als ächt annimmt; so zeigen sie 1) auch, daß der Sieg der Illuminaten gegen die Loyoliten nicht unbeträchtlich war. Sie haben (S. 8.) diese von den Professors-Stellen entfernt, die Universität Ingolstadt ganz von ihnen gereinigt, sie haben (S. 11.) gehindert, daß sie den geistlichen Rath sprengten, und ausgewürkt, daß alle Revenüen, welche die Jesuiten in Baiern noch zu verwalten hatten, als das Insti-
tut

tut der Mission, das goldne Almosen, Exerzitien-Haus, und die Konvertiten-Kasse dem geistlichen Rath, dem Universitäts- dem lateinischen und deutschen Schulfond beygelegt wurden. Der durch die vortreflichsten Anstalten so berühmte Friedrich Karl von Mainz, ward durch dergleichen Schritte die Zierde des katholischen Deutschlands, und in Baiern nennt man deswegen die Illuminaten Afteraufklärer, noch mehr, man behandelt sie wie die größten Verbrecher. Oder soll es einem Landesherrn allein zustehen Aufklärung und Besserung zu bewirken, o dann hätte Christus den Römern Eingriffe gethan, und daß er die Nacht des Aberglaubens zerstreute, das Licht der Wahrheit aufgehen machte; dann hätte Sokrates den Giftbecher verdient, weil er die Jugend mit bessern Grundsätzen bekannt machte, als in seinem Staate herrschten.

2. Durch die Stelle (S. 9.): „die Maltheser „wären doch immerhin angenommen worden." sieht man, daß die Illuminaten keinen Theil an der Einführung des Maltheser-Ordens hatten; sie verräth vielmehr, wie gerne sich die Gesellschaft den Erwerbungen der Maltheser entgegengesetzt hätte, wenn es in ihrer Macht würde gestanden haben.

3. Man muß wohl verstehen, wie der Orden die Disposition über die Kirchengelder hätte. Pylades war als Fiskal Referent von dem Kirchen-Vermögen, und konnte nicht willkührlich, nicht ohne Ein-

stim-

ſtimmung der übrigen Räthe, unter welchen ſich
auſſer ihm und dem Vice-Präſidenten kein Illuminat befand, Darleihen geben; denn der ganze geiſt-
liche Rath iſt zu deſſen Verwaltung angeſtellt. Pylades konnte nur würdige Familien auf Empfehlung
des Ordens vorſchlagen. Empfehlungen waren
noch nie mit dem Namen eines Verbrechens gebrand-
markt, und er hat gewiß als ein ehrlicher Mann
gehandelt. Er gieng den Weg der Ordnung, es
ward Bericht zur Conferenz erſtattet, Alles ward
dort genehmigt, und von Seite des Pylades alles
nur mögliche zur Sicherſtellung des Kapitals angewandt. Man ſehe die Akten ein, leſe die Obliga-
tionen, und frage diejenigen, welche ſie ausgeſtellt
haben. Möchte man doch immer bey den Anlagen
der Kirchengelder, welche ohnehin meiſt zu Darleihen für Adeliche beſtimmt ſind, ſo wie der verſtorbene Pylades zu Werke gehen!

4) Wenn benn der Illuminaten-Orden wirklich
die angemerkten Vorſchritte gemacht hat, wenn er
zur herzoglich Marianiſchen Akademie Profeſſoren
empfahl, wenn ſeine geiſtlichen Mitglieder durch
ihn Verſorgung erhielten, wenn ſtudirenden hof-
nungsvollen Jünglingen Stipendien bewirkt wurden, wenn die deutſchen Schulen und die mild-
thätige Geſellſchaft unter ſeiner Leitung ſtanden,
und er ſich bemühte Einfluß auf die Stiftung der
Bartholomäer oder ein anderes Prieſterhaus zu be-

kom-

kommen, um Baiern mit geschikten Priestern zu versehen, wo liegt hierin das Verbrechen? woher ist dem Orden eine schlechte Absicht bewiesen? Hat er nicht die Dummheit zu bekämpfen gesucht, und ist es schändlich fähigen Köpfen und dem Verdienste empor zu helfen? Wann hat er sich unerlaubter Mittel bedient um seine Absichten zu erreichen? Welchen Unwürdigen hat er zu einer Stelle befördert, welchen Würdigen hat er durch Cabalen verdrungen? Man zeige die schädlichen Folgen der Illuminaten-Empfehlungen im Ganzen und im Einzelnen, und hat ein einzelnes Mitglied gefehlt, so untersuche man, hat es als Mensch, von denen ein Jeder seine Schwächen hat, oder als Illuminat, der auch noch immer Mensch bleibt, seine Fehltritte begangen. Wenn man alsdenn absichtlich lasterhafte Thaten des Ordens aufweisen könnte, o dann würde die Stimme der Menschheit Baiern Dank zujauchzen, und der Genius einer jeden Nation würde ihm Verbindlichkeit wissen, daß sie eine solche gefährliche Natterzucht in der Brut erstickt hätte. Aber darüber ward noch kein einziger Beweis geliefert. Man beschuldigte ja auch Christum, daß er ein Reich hienieden stiften wollte. Nur erlaube man den Illuminaten wenigstens diesen Trost, und lege die Vergleichung nicht für Stolz aus.

§. 11.

§. 11.

Unbefangener Mann! oder du, der du von dieser Erde wenigſt nicht ſo ganz lieblos denkeſt, daß du ſie eine Mördergrube und die irrdiſche Aufrichtigkeit Heucheley nenneſt, lies S. 12. u. die folgenden, und ſage, ob nicht die Note S. 27. (*) ein neuer Beweis iſt, mit welcher gehäßigen Abſicht man das Ganze dem Publikum vorlegt, bekenne, ob die Unpartheilichkeit ſo ſpricht, rede ob die Illuminaten-Obern Betrüger ſeyn konnten, da die Grundlage des Ordens-Beſſerung des Verſtandes und des Herzens war, da dieſe alle bekannten Grade predigen, da die beſten Menſchen und die größten Köpfe Deutſchlands Mitglieder waren, da bey dem
Stu-

(*) In der Reform der Statuten heißt es: „2) Bleibt
„ſo, wie bisher auch für künftige Zeiten der End-
„zweck der Geſellſchaft, dem Menſchen die Vervoll-
„kommnung ſeines Verſtandes und moraliſchen Kör-
„pers intereſſant zu machen, menſchliche und geſell-
„ſchaftliche Geſinnungen zu verbreiten, bosháfte Ab-
„ſichten in der Welt zu hindern, der nothleidenden
„und bedrängten Tugend gegen das Unrecht beyzuſte-
„hen auf die Beförderung würdiger Männer zu den-
„ken, und überhaupt die Mittel zur Erkenntniß und
„zur Wiſſenſchaft zu erleichtern. Man verſichert theuer
„und heilig, daß dieſes der einzige und nicht kolorirte
„Endzweck der Geſellſchaft ſeye." Und da ſetzt der Herausgeber die Note hin:

> Fiſtula dulce canit, dum volucrem decipit auceps.

Studium der Menschenkenntniß der Betrug bald seine Maske verlieren muß, und gestehe, wenn du nicht deine Vernunft verläugnen willst, ob nicht ein Zauberstab nöthig wäre, um auf einmal in den letzten Graben aus der Ehrlichkeit Betrug, und aus der Wahrheit Lüge zu machen? Wäre es übrigens nicht schon aus den Graben bekannt, welche in der Geschichte der Verfolgung der Illuminaten abgedruckt, und, ich wiederhole es hier noch einmal, von Niemanden als ächt widersprochen sind, daß die Statuten, wie sie in den Originalschriften stehen, immerhin abgeändert und verbessert wurden, daß erst die letzten Jahre vor dem Verbothe des Ordens solche ordentlich und bis auf einen weitern Ordens-Congreß unabänderlich bestimmt und in den Provinzen ausgetheilt wurden; so könnte die einzige Stelle (S. 70.) von den Feyerlichkeiten bey Initiationen, welche in einem Walde nur beym Mondscheine vorgehen sollten, hinlänglich beweisen, daß alle diese Stücke nur Entwürfe und Aufsätze waren, welche größtentheils unausgeführt geblieben sind.

Sonst wundert es mich sehr daß nicht bey der Stelle, wo man (S. 62.) die Aufnahme der Schlosser, Drechsler, Maler, Goldschmiede, Schönschreiber, Buchdrucker ꝛc. und (S. 64.) der Petschierstecher empfiehlt, eine Bemerkung gemacht ward, die die Illuminaten, als eine Bande von Dieben

dar-

darstellen, welche Schlösser erbrechen, und als eine Rotte, welche Siegel und Schriften betrügerisch nachmacht. Vielleicht mag den Herausgeber die Seite 54. abgehalten haben, wo es heißt, daß „ein Kandidat ein grosses menschenfreundliches, und wohlwollendes Herz (also keines, das zu Tücken, Schandthaten und Verrätherenen aufgelegt ist,) haben mußte, daß fleißige Menschen mit einem guten Ruf, und gute Haushälter Zutritt erhalten, und daß Schwätzer, Schwelger, Wohllüstige, Eigensinnige, Stolze, Rohe und Ungesellschaftliche, Großsprecher, Unbeständige, Lügner und Eigennützige durchgehends verworfen waren, es wäre denn die nächste Hoffnung zur Besserung." Wozu man aber Künstler in einer geheimen und gelehrten Gesellschaft braucht, weiß jeder Verständige.

§. 12.

S. 82, 105. Hier finden sich zwey Aufnahms-Protokolle, worin zwo Fragen bedenklich scheinen.

1) Ob der Aufnehmende dem Orden das Recht über Leben und Tod zugestehe, und aus welchen Gründen?

2) Wie sich das Ordens-Mitglied verhalten würde, wenn im Orden unanständige, ungerechte Sachen vorkämen?

Die bey diesen Protokollen angemerkten Jahreszahlen beweisen, daß solche in dem ersten Stiftungsjahre der Gesellschaft verfaßt wurden, folglich zu einer Zeit, wo der entworfne Ordensplan noch unreif und verwirrt war. Schon im zweyten Jahre wurde auf diese Art keiner mehr aufgenommen und befragt. Dieß bezeugen die schon lange gedruckten Aufnahms-Feyerlichkeiten, Satzungen und Grade, dieß werden sogleich alle Mitglieder bestättigen, wenn man sie darüber vernimmt. Dadurch verlieren also diese Protokolle und die darin enthaltenen Fragen all ihr Ansehen und das Auffallende. Letzteres wird ganz zernichtet, wenn man bedenkt, daß

a. diese Fragen aufgeworfen wurden, um die verschiedenen Meynungen darüber zu hören, und nach diesen den Karakter der Kandidaten näher beurtheilen zu können;

b. daß der Orden diese Fragen nicht beantwortet, noch weniger einen Lehrsatz darüber aufgestellt hat. Aus einer blosen Frage aber, die ich einem andern setze, kann der andere noch nicht schließen, was ich für eine Meynung darüber hege;

c. daß sich eine Menge Stellen in den Ordenssatzungen zeige, wo die nämlichen Fragen gerade nach der Absicht des Ordens beantwortet werden. Einer geheimen Gesellschaft komme nämlich keine andere Gewalt zu, als durch Ueberzeugung von der Güte ihres Zweckes die Mitglie-

glieder an ihr zu halten, (*) und die Wider-
spenstige dadurch allein zu strafen, daß man
sich

(*) Wir führen hier nur einige an: So heißt es z. B. in
der Anrede an den schottischen Ritter, oder dirigirenden Bruder: „Einerley Ideen und Grundsätze sollen
„sie (die Glieder, die er dirigirt/) durch dich er-
„halten; bey allen sollst du, so viel möglich ist, eine
„ähnliche Ideenreihe erwecken, die dermalige erfor-
„schen, die nun vorzutragenden Lehren an die schon
„vorhandenen Begriffe anschließen, schädliche Be-
„griffe untergraben, schwächen, ausreuten, einer-
„ley Wünsche, Begierden, Leidenschaften veranlas-
„sen, sie alle auf einen gegebenen höhern allgemeinern
„Zweck hinleiten, und auf diese Art die gehörige Rich-
„tung geben; einerley Hoffnungen und Erwartungen
„bey allen erwecken. So wie der menschliche Kör-
„per nur durch eine Seele belebt wird, so muß in
„unserer Verbindung nur ein Geist und Wille, eine
„Sprache, ein einziges Interesse sichtbar seyn. Die-
„se Einheit allein giebt jedem politischen Körper,
„Leben, Gesundheit, Dauer und eine unerschütter-
„liche Stärke. Aber das alles muß ohne Zwang,
„aus wahrer einleuchtenden Ueberzeugung, weil
„es höhere Pflicht ist, bewirkt werden." S.
„Die Geschichte der Verfolgung der Illuminaten,
„S. 244.
Weiter unten lese man folgendes: „Jede schlechte
„und unmoralische Handlung ist Hochverrath gegen
„unsere Verbindung! Kein solcher Mensch, wäre
„er auch dein Freund und Bruder, soll länger unter
„uns seyn; wir werfen ihn wieder hinaus in die Welt,
„woher wir ihn genommen haben." S. 347. Alle
schottischen Ritter könnten die Aechtheit dieser Anrede
beschwören.

sich um ihre Besserung und Aufklärung weiters keine Mühe gebe, und sie aus der Gesellschaft stosse. Jedes Mitglied sey nur dadurch ein würdiges Mitglied, wenn es die Pflichten des Menschen und des Bürgers auf das genaueste erfülle, (*) der Orden könne also niemals etwas unerlaubtes oder ungerechtes fodern. Sollte einzelnen Obern so was beygefallen seyn, so mußte dieser Mißbrauch sogleich angezeigt werden. (**)

d) Daß die Gesellschaft der Illuminaten nach ihrer ganzen Anlage und zwar im Anfange allein zu einer gelehrten Akademie bestimmt war. Es ist also ganz natürlich, daß man über die eben

---

(*) Die Worte in den allgemeinen Ordens-Statuten sind so klar, wie das Tageslicht:
,, Verwaltet eure Aemter in der bürgerlichen Ge-
,, sellschaft mit Treue, Eifer und Standhaftigkeit!
,, Stehet euren Familien als gute Väter, Ehemän-
,, ner und Herren vor! oder gehorchet als Söhne,
,, Diener und Untergebene! Wer die Pflichten seines
,, Amtes vernachläßiget, der wird auch die Pflichten
,, des Ordens versäumen und vernachläßigen. ,,
S. Gesch. der Verf. der Ill. S. 122. und die Originalschriften selbst. S. 13.

(**) Dazu waren die monatlichen Berichte der quibus licet, worin jeder das Betragen seiner Obern schildern, und seine Denkungsart über die Verfahrungsart des Ordens äussern mußte. S. die Geschichte der Verf. der Ill. S. 124. und die Originalschriften. S. 66.

eben damals in Baiern, der Franziskaner wegen, aufgeworfene Frage, ob den Mönchsorden oder einer andern Verbindung im Staat das Recht über Leben und Tod zuſtünde, die Meynung der Mitglieder wiſſen, und durch dieſe Frage Anlaß zum weitern Nachdenken geben wollte. In dieſer Abſicht mußten mehrere über die eben genannte Frage eigne Abhandlungen einſchicken, und die heimlichen Gerichte, welche ehmals in Deutſchland Mode waren, unterſuchen, und erklären.

e. Aus dem Eide der Maurerey iſt bekannt, daß ſich jeder neu Aufgenommene auf den Fall einer Verrätherey verbindlich macht, ſich in der Loge zur Schau aufhangen, und das Herz aus dem Leibe reiſſen zu laſſen, ꝛc. daß alſo darin der Maçonerie wirklich das Recht über Leben und Tod zugeſtanden wird. Dennoch wird ſie in Schweden, Holland, Curland, England, Preuſſen und Oeſterreich von der Regierung öffentlich geſchützt, weil man weis, daß dergleichen Formalitäten nur dazu ſind, die Handlung deſto feyerlicher zu machen. Wenn es der Maurerey erlaubt iſt, ſeine Zuflucht zu ſolchen Feyerlichkeiten zu nehmenen, ſoll es den Illuminaten nicht erlaubt ſeyn, ſich einer ſolchen Frage zu bedienen, die, wie wir aus Stellen zeigten, gewiß nichts mehr als Feyerlichkeit war.

f. Der Jesuite Mariana hat den Königsmord in einem eignen Buche umständlich als eine erlaubte, Gott gefällige Handlung vertheidiget und gelehret. Als man seine Lehre als Ordenslehre ausgab, vertheidigten sich die Jesuiten durch ihren Mitbruder Eudämon, daß Mariana's Lehre nur als eine privat-Meynung, und er hierin als ein Gelehrter zu betrachten wäre, der auch paradoxe Sätze vertheidigen dürfe, daß Gelehrte wieder durch andere Gelehrte mit Gegengründen müßten belehret und widerleget werden, daß ohne diesen gelehrten Zank keine Wissenschaft sich vervollkommnere, daß selbst mehrere Jesuiten gegen Mariana geschrieben hätten, daß dieser also ungerecht wegen der Begünstigung und der Lehre des Königsmords, so wie sie angeklagt, der Jesuite Guinardi aber auf die ungerechteste Art sey hingerichtet worden.

Die Illuminaten haben keine Abhandlung für das Recht über Leben und Tod geschrieben, sie haben sich solches nicht zugeeignet, haben nicht öffentlich darüber gelehret, haben nur eine Frage darüber aufgeworfen, und ihnen sollen nicht einmal die obigen Gründe gelten, auch bey jenen nicht, welche doch die nämlichen in einem weit bedenklicheren Falle für sich angewendet haben, welche bey der entdeckten Pulververschwörung zu London ihren Mitbruder und überwiesenen, dann selbst geständigen Mitverschwornen, den Pater Garnet, noch mit der feinen Distinction zu rechtfertigen glaubten, eum non factum sed evendum amasse, er habe nicht die That, sondern die Folgen davon geliebt?

§. 13.

S. 106. Vier kleine Zettelchen, wie sie der Herausgeber selbst nennt, sollen also wieder was ganz Abscheuliches beweisen? Die Aufzeichnung auf vier kleine Zettelchen und der wenige Zusammenhang beweist schon für sich allein, daß diese Gedanken in einer müßigen Stunde flüchtig hingeworfen und erst weiterm Nachdenken und mehrerer Ausführung überlassen sind. Man sieht also schon 1tens daraus, daß die Vorschläge blos Entwurf blieben, und daß sie dem Orden nicht zur Last gelegt werden können, um so mehr, da die bairische Regierung den Orden nie eines Mautfrevels wird überführen können. 2tens beweisen sie, daß ihre Verfaßer zur Zeit ihrer Entstehung noch Studenten und unausgebildete Menschen waren, und daß der Orden kaum angefangen hatte; denn gleich beym Anfang wurden nach den monitis ad normam Sodalium und wie bona opera die Reprochenzettel und Quibus licet eingeführt. Nun

Nun aber sage man selbst, ob nicht jeder Jüngling Streiche macht, die er als Mann bereuet. Es ist eine heilige Wahrheit:

Schlüge Gott bey Jugendfehlern gleich mit Keil und Stralen zu,

O wie wenig würden Greise und wo blieben ich und du?

Daß aber S. 107. den Obern ein Wink gegeben wird, mit beyden Händen schreiben zu lernen, war eben keine unrechte Sache. Es war klug und nothwendig, bey so wenigen Leuten anfangs seine Hand zu verstellen, um sich nicht bey den Untergebenen, die die wenigen Dirigirenden und ihre gewöhnliche Handschrift leicht kennen konnten, durch die mitgetheilte schriftliche Rüge über ihre Vergehungen verhaßt zu machen.

§. 14.

S. 108 — 111. finden sich Beschreibungen von verschiedenen Maschinen, Rezepten und Medikamenten.

Hätte man diese, wie sich der Fall hundertmal bey Verlassenschaften ereignet, bey jedem andern Gelehrten oder Richter gefunden, hätte man sie selbst bey Zwack zu einer andern Zeit angetroffen; so würde man sie als sehr gleichgültig angesehen, vielleicht gar nicht gelesen, oder über einige unächte gelacht, die beträchtlichsten aber selbst abgeschrieben ha-

haben. Bald sollen unsere Leser finden, daß sie auch bey diesen Umständen und bey einem Illuminaten unbedeutend sind. Von den Maschinen eines geheimen Schlosses und einer Küste, welche die aufbewahrten Papiere verbrennet, wenn sie ungeschickt eröffnet wird, kann gar keine Frage seyn; denn diese werden sogar öffentlich verkauft. Wir hören aber, daß man sich in München desto mehr auf die Rezepte zu gute thut. Man hat also Rezepte zum Aqua Tofana, ad procurandum abortum, um einem das Gesicht zu verbrennen, und quomodo odor nocivus possit spargi in cubiculum aliquod, um Pettschaften abzudrucken, und wider das Zahnweh gefunden. Die Ingredienzien zu diesen Quacksalbereyen fand der Herausgeber nicht zur öffentlichen Mittheilung räthlich. Er mag gedacht haben theils der Sache dadurch mehr Gewicht zu geben, und den üblen Gebrauch davon bey dem Publikum zu verhindern, theils wollte er sich durch die Bekanntmachung der Rezepte nicht lächerlich machen, weil solche entweder allgemein bekannt, oder gar nicht anwendbar und aus Büchern geschrieben sind, deren Ungrund man längstens erwiesen hat. So wissen wir zum Beweise, daß das vorgefundene und im geheimen Archiv aufbewahrte Rezept vom Aqua Tofana darinn besteht, ein junges Schwein mit Arsenik zu füttern, und dessen Fett zu destiliren, wenn es gemästet ist. Jederman wird begreifen, daß dieser Versuch unmöglich sey,

weil

weil das Schwein eher umkommen müßte, als man Aqua Tofana erhalten könnte. Die Mittel ad procurandum abortum von Senfkraut und Safran stehen mit einer Menge anderer in den Kriminalisten und der Medicina forensi, und andere sind in Kirchers Mundo subterraneo zu lesen. Was würde aber daraus folgen, wenn sie ganz neu wären? Was wäre es, wenn man sie für den Orden kopiert hätte? Sie deswegen allein für Ordenssache ausgeben, weil sie mit den Ordensziffern geschrieben sind, hieß unrichtig folgern, da man sie auch in diese Schrift eingekleidet haben kann, um sie Unverständigen, die alles mißbrauchen, oder Bösartigen, die alles verdrehen und verdächtig finden wollen, unlesbar zu machen. Wo sind nun die Beweise, daß sie vom Orden angenommen worden sind? Oder wenn sie je wären angenommen worden, wo läge das Bedenkliche? Darf man solche Rezepte bey keinem Arzte finden? Waren aber nicht mehrere Aerzte im Orden, und hat nicht ein Illuminat dem andern in die Hand gearbeitet? Konnten diese Rezepten nicht anfangs wichtig geschienen haben, und sie den Mitgliedern, welche sich der Heilkunde gewidmet hatten, zur Prüfung mittheilen zu wollen? Verdienten die Männer, welche sie lächerlich und unschädlich machten, nicht vielmehr Dank? Und hat endlich die Gesellschaft nicht den redendsten Beweis für sich, daß sie keinen schädlichen Gebrauch davon machte, indem von der grossen Menge ihrer Feinde noch kein einziger starb, oder nur über Schwachheiten klagt, die er den Illuminaten aufbürden könnte?

So wenig nun diese Rezepte dem Orden nachtheilig seyn können, eben so wenig sind sie es für Zwack. Thomasius hat ganze Hexenprozesse mit eigner Hand geschrieben, er, der nichts weniger als den Glauben an Hexen hatte, und vor Allen den menschlichen Verstand von dieser Krankheit zu heilen wagte. Wenn man bey einem verständigen Manne die bekannte Hexensalbe, welche aus gekochtem Kinderfleische soll gemacht werden, aufgezeichnet findet, wird man daraus schliessen, dieser Mann habe Kinder ermordet, er sey ein Hexenmeister? Oder soll man einen sonst bekannten helldenkenden Kopf für einfältig halten, weil er sich aus dem Leben der Heiligen ein Rezept wider unkeusche Anfechtungen, nämlich Wanzen zu verschlucken, schrieb? Zwack war Regierungsrath, es gehörte also in sein Fach, Rezepte aller Art zu sammeln, da sie in Kriminalsachen vorkommen können. Aus dieser Absicht hält man die Juristen an, die Medicinam forensem zu studiren. Aus dieser Ursache enthalten Valentini Pandectae medico legales eine Menge Rezepten von Giftmischungen und Kinder-Abtriebsmittel. Niemanden aber fiel noch ein, daß er sie dem Publikum zum schädlichen Gebrauche vorlegen

oder

oder sich selbst derselben bedienen wollte. Freylich hatte er auch nicht das Unglück, Jesuiten und ihren Handlangern in die Klauen zu fallen, die gerne die Augen der Welt auf die Schandthaten anderer richten möchten, um solche von ihren eignen abzuwenden. (*) Diese Aqua Tofana-Köche würden wohl am besten erklären können, wie solches verfertiget wird, und daß Zwack, Archenholz in seinem zwölften Abschnitte von Italien, und andere, die darüber Rezepte sammelten, das ächte nicht besitzen.

Der Sammler liefert sodenn einen neuen Beweis seiner gehäßigen Absichten, da er nur die auffallendsten Rubricken hersetzte. Er sagt S. 109. Ziffer 6. „Ein Bogen, welcher die chiffrirte Ue-
„ berschrift Secreta hat, und worauf das erste Re-
„ zept heißt: ꝛc." nur ein einziges setzte er hin, und gesteht also selbst, daß er die übrigen unterdrückt hat. Eben so heißt es Ziffer 7. „Auf einem hal-
„ ben Bogen steht nebst andern: ꝛc." und nun folgt nur wieder ein einziges. Indessen zeigt S. 110. das Rezept vom Zahnweh schon, daß Zwack nicht nur schädliche sondern auch heilende Mittel gesammelt hat.

Zu-

(*) Ich nehme hier die rechtschaffnen Männer des Ordens aus, von denen mir selbst einige bekannt sind, und die keinen Theil daran haben. Denen, die ich meyne, wird es ihr Gewissen sagen.

Zuletzt wird noch eine Sammlung von Pettschaften mit Haaren herbeygezogen. Die Aufschrift
zeigt zwar klar, daß sie dem Philipp Zwack, der
nach der Tabelle ein Bruder des Verfolgten und ein
junger Student ist, gehören muß. Ich habe schon
mehrere junge Leute gekannt, die oft blos zu ihrem
Vergnügen, oft aber auch zur Erweiterung ihrer
Kenntnisse dergleichen Wappen sammelten. Hier
fiel mir die Fabel von dem Wolfe und dem Lamme
ein; das Lamm überzeugte ihn, daß es das Wasser
nicht trüb machen konnte. Er suchte also neue
Ausflüchte, weil er es einmal aufreiben wollte.

— Je sai que de moi tu médis l'an passé.
Comment l'aurois-je fait, si je n'etois pas né?
Reprit l'agneau, je tète encore ma mère.

Und nun rechtfertigt sich der Sammler gewiß auch
damit:

Si ce n'est toi, c'est donc ton frère.
La FONTAINE.

§. 15.

S. 111 — 118. Ich weis nicht, ob man den
Sammler hier einer Unwissenheit oder einer Ungerechtigkeit beschuldigen soll, daß er Stellen aus
Werthers Leiden dem Illuminatenorden aufbürdet.
Zum Glücke weis fast jeder studirende Jüngling,
daß die Gedanken über den Selbstmord in diesem
bekannten Roman S. 195. und 90. u. f. der Karls-
ruher

ruher Ausgabe stehen. Sagt er, die folgenden Briefe beweisen, daß doch Zwack diese Grundsätze hegte, so heißt seine Einwendung nicht mehr und nicht weniger, als daß die Einbildungskraft eines zur Schwermuth aufgelegten Jünglinges (*) vom Wertherfieber überfallen werden kann, daß dieses eine Krankheit ist, die Mitleid verdient, (**) daß der Mann sich freut, dergleichen Jugend-Paroxismen überstanden zu haben, und daß eine Gesellschaft von gestandnen Männern unmöglich solche Schwachheiten in ihr System aufnehmen wird. Zwack war damals kaum aus den Schulen gekommen, sein Vermächtniß, das aus lauter Büchern und Kleidungsstücken besteht, bezeugt seine Jugend, er lebt noch, er ist seitdem um zehen Jahre älter geworden, und ist bekanntlich ein guter Gatte, und ein liebreicher Vater. Wer hat dreyßig Jahre gelebt, und nicht wenigstens einmal radotirt? Und sollte man nicht mit gewöhnlicher Liebe eher vermuthen, daß der Illuminaten-Orden, wenn ein Mitglied Zwacks Entschluß zur rechten Zeit noch erfahren hat, ihn abgehalten, als daß Zwack seine angeheurathete Base zu ihrem Untergange verleitet habe. Der Herausgeber hat bey der bittern An-

mer-

(*) S. in den Originalschriften die Tabelle den Danaus betreffend.

(**) S. den philosophischen Arzt im 1sten Stücke und im letzten.

merkung S. 114. (*) vergeſſen, daß jede Perſon, auch eine moraliſche, die Vermuthung der Schuldloſigkeit ſo lange für ſich hat, bis das Gegentheil bewieſen iſt. Er hat vergeſſen, daß man den angeführten Unglücksfall in Baiern ſelbſt für keinen Selbſtmord anſah, indem der vom Thurme Gefallenen das gewöhnliche Familienbegräbniß von der geiſtlichen und weltlichen Obrigkeit ohne Anſtand zugegeben ward. Schackeſpear würde dem Herausgeber zurufen: „Pfui! Deine Anmerkung iſt ein „Vergehen gegen den Himmel, ein Vergehen ge„gen die Verſtorbene, ein Vergehen wider die Na„tur, äuſſerſt ungereimt in den Augen der Erfah„rung, deren ganz gemeiner Gegenſtand der Tod „der vorher Verblichenen iſt, und die von der er„ſten Leiche an bis zu der, die heute ſtarb, uns „immer zurief: Es muß ſo ſeyn!"

§. 16.

S. 118. Die Abhandlung: Beſſer als Horus, ward wahrſcheinlich aus dem Grunde eingerückt, weil man ſie für Zwacks Werk oder doch für die Arbeit eines andern Illuminaten hielt. Die gelehrte

(*) Anm. „Könnte nicht etwa auch ſeine Schwägerinn, „die ſich vom Thurme herabſtürzte, durch dergleichen „Grundſätze dazu verleitet worden ſeyn?" Die Unglückliche wird mit Fleiß zur Schwägerin gemacht, um die Vermuthung durch nähere Bande der Verwandſchaft wahrſcheinlicher zu machen.

le Welt kennt den Verfasser, der wahrlich kein Illuminat war, und der dieses Werkchen anfangs geschrieben, dann gedruckt verkaufen ließ. Oder soll die Lekture eines solchen Buches ihn verdächtig machen? Dann hätte man noch eine Menge verbothner Schriften, die Zwack besaß, hersetzen sollen. Darüber ist aber die einzige Entschuldigung hinreichend, daß er Bücher-Censurrath war. Daß Zwack den in dieser Abhandlung gerechtfertigten Atheismus nicht vertheidigt, scheint uns in seinen Gedanken über die Einrichtung einer Gesellschaft bewiesen. S. 133. sagt er: „Ich glaube, daß es einer Gesell-
„schaft weniger nachtheilig sey, wenn sich Mitglie-
„der darinne befinden, welche gar keinen Gott
„glauben, als wenn einige darinn geduldet wer-
„den, die sich einen erzörnten, rachgierigen und
„mit menschlichen Leidenschaften oder Vollkom-
„menheiten begabten vorstellen." Zwack sieht also einen Atheisten immer als nachtheilig für eine Gesellschaft an; nur hält er dafür, daß ein solcher nicht so viel schade, als ein Fanatiker. Er hatte diese Abhandlung, wie die Data von Weishaupts Briefen zeigen, noch als Jurist und Neuling im Orden verfertigt, sie macht seinen Kenntnissen und Fähigkeiten Ehre, und Weishaupt sagt S. 187. der Originalschriften von ihr, Zwack hätte, wenn er selbst in seinem Kopfe gesessen hätte, unmöglich sich so gut in sein System hinein denken können; der Orden hat daher gewiß nicht Atheismus geprediget.

§. 17.

Wozu die auf der 163. S. angeführten Tabellen dienen sollen, weis ich nicht. Will man in der einen dem Publikum eine widrige Meynung gegen Zwack wegen seinen jugendlichen Ausschweifungen und Schwächen beybringen? Nur der Kurzsichtige oder Leidenschaftliche sieht allein die Fehler seines Nächsten, und dergleichen Leuten möcht' ich zu ihrer Besserung rathen, daß sie sich selbst prüften. Der gerechte Weise kennt die Gebrechen eines jeden Geschöpfes hienieden und läßt ihr Gutes nicht unbemerkt. Zwack besitzt, nach der Tabelle, ungemein viel Menschenliebe, und ein weiches Herz, ist ein wahrer Freund, ungemein verschwiegen, beobachtend, sucht sich immer mehr zu vervollkommnern, und denkt in Ansehung der Religion und Gewissenhaftigkeit weit über andere weg, das heißt im Illuminatensinne er klebt an keinen Vorurtheilen, und nicht, wie Cosandey und Utzschneider sagen, er habe gar keine Religion. Für die Religion der Illuminaten werden wir noch manche Stelle anführen. Dieses Lob theilen also diejenigen öffentlich mit, die Zwack verfolgen, und hat um so mehr Gewicht; dieses Lob rechtfertiget den Orden, daß er einen Jüngling in seinen Schoos aufnahm, der sich gerne vervollkommnerte, und bey dem die Besserung seiner Fehler so nahe war. Wirklich hat Zwack nach mehreren Journalen das unwidersprochene Zeugniß des Hofraths zu Mün-

München, des würdigen Ministers Grafen von Seins-heim, und des Vicedoms zu Landshut Freyherrn von Dachsberg für sich, daß er ein guter Bürger des Staats, und ein eifriger Diener seines Fürsten war.

§. 18.

Wir kommen itzt zur Correspondenz. Hier sprechen die ersten Ordensglieder, die vertrautesten Freunde Herzenssprache; ihre Briefe sind der Schlüssel zu ihrem Herzen, ihre Worte der Spiegel, der uns ihre geheimsten Gedanken vor Augen stellt. Wir wollen nicht untersuchen, ob ein Dritter befugt ist, Geheimnisse zweener Freunde bekannt zu machen, und dadurch das allgemeine Zutrauen unter seinen Mitbürgern zu stören; wir wollen nicht die Frage entscheiden, ob sich der Staat gar über alle Handlungen seiner Unterthanen zum Richter aufwerfen kann; wir wollen nicht urtheilen, ob nicht jeder unsrer Leser sich an seinen Vertrauten eines freyern Ausdrucks bedient, den er sonst nicht im Publikum brauchen würde, weil dieser als sein Freund die freyern Ausdrücke, die irrigen Gesinnungen und fehlerhaften Handlungen ahnden darf und muß, und weil man dadurch das feinere moralische Gefühl des innig Verbundenen genauer kennen lernt: wir wollen nur die dunkeln Stellen zu beleuchten suchen, und diejenigen herausheben, die uns den Charakter der handelnden Personen und das System des Ordens aufklären.

Wir

Wir bemerken gleich bey dem Briefe, der S. 166. 167. und 168. steht, daß dieser nicht an Zwack geschrieben seyn kann. Er war im Jahr 1776. noch ein Neuling im Orden, und hatte, wie es bekannt ist, damals noch keine Frau Schwägerin, von der doch die Nachschrift Meldung thut. Der Brief ist vom 14. Aug. 1776. und die Aufnahmstabelle über Zwack ist erst vom letzten Dezember 1776. Daher wird es einleuchtend, daß das Wort Suscepta nicht von den Zwackischen Weiberorden, sondern von dem Mopsorden zu verstehen sey, der damals zu Passau und Burghausen im Gange war.

§. 19.

Um alle Ausdrücke der Briefwechselnden genau zu verstehen, muß man mit dem Genius der bairischen Nation und ihrer Sprache genau bekannt seyn. In der bairischen Landessprache heißt:

 Si fractus illabatur orbis
 Impavidum ferient ruinae.

Er ist ein Teufelskerl, ein Kerl der den Teufel nicht scheut. (S. 174.) Und der in Ober-Deutschland für unflätig gehaltene Ausdruck: von Jemanden Geld schneuzen, dessen sich die Regierung in der Vorrede bedient, bedeutet so viel, als Jemanden um Geld prellen. Weishaupt gesteht in der Einleitung zu seiner Apologie selbst, daß er dortmals noch nicht

der

der gebildete Mann war, der er itzt ist. Indessen sieht man immer aus allen seinen Handlungen gewiß die Güte seines Herzens hervorleuchten, und er hält nichts für seine Absichten so schädlich, als ein verdorbnes boshaftes Herz S. 175.

§. 20.

Sein philosophischer Geist ist uns für seine Redlichkeit am meisten Bürge. Ich setze seinen folgenden Trostbrief an Zwack hieher; denn er beweist, was ich eben sagte, er wird dem rechtschaffenen Leser angenehm seyn, und wenn mein Wunsch erfüllt würde, auch itzt noch die Verfolgten-trösten.

S. 193 u. 94. „Viele Maulfreunde, und wenig
„wahre, das ist leider die Erfahrung jedes ehrlichen
„Mannes. — — — Von mir kann ich die Versi-
„cherung geben, daß ich von ihren Verdiensten, ih-
„rer Einsicht und Vernunft eine hohe Meynung
„habe, und daß ich von ihnen noch etwas Hohes
„erwarte: aber alle Menschen urtheilen nicht gleich
„davon, ihre Rechtschaffenheit und Einsicht macht
„ihnen Feinde. Sollte es also nicht rathsam seyn,
„wo man nicht Amts halber muß, nicht allezeit
„Einsicht zu zeigen, auch zu schweigen, wo Reden
„nicht Amtspflicht ist?

„Machen sie es, wie ich, entfernen sie sich von
„grossen Gesellschaften, schliessen sie sich an ihre ge-
„ha-

„naueſte Freunde auf das nächſte an, von denen
„ ſie verſichert ſeyn können, daß bey ihnen Liebes-
„ pflichten Zwangpflichten ſeyen. Gedenken ſie
„ nicht müßig zu ſeyn, und in die Welt Einfluß zu
„ haben, ſo warten ſie, die Stunde kömmt gewiß,
„ wo ſie viel thun werden. — — — Suchen ſie
„ durch ein unbemerktes Leben dem Neid zu entge-
„ hen, und müſſen ſie in der groſſen Welt erſcheinen,
„ ſo nehmen ſie auf dieſe Zeit eine heitere freund-
„ liche Mine an, legen ſie alles Beleidigende von
„ ſich, und dann treten ſie wieder in ihre philoſo-
„ phiſche Stille zurück, um über Thoren und Nar-
„ ren zu lachen, die ſich einbilden, man ſtünde nur
„ aus Gottes Barmherzigkeit zum Raumfüllen in
„ der Welt.

Perfer et obdura, dolor hic tibi proderit olim.

„ Laſſen ſie Philoſophie und Menſchenkenntniß,
„ und praktiſche, nicht ſpekulative Tugend ihre An-
„ gelegenheit ſeyn. Sie geben uns manchen Troſt,
„ den wir von auſſen vergebens erwarten. Wirken
„ ſie indeſſen in die kleine Sphäre, die ſie um ſich ha-
„ ben, und zu verſammeln im Stande ſind, genug
„ gethan, wenn auch dieſe wieder ſo viel thun.

Tu ne cede malis, sed contra audentior ito,
Quam tua te fortuna sinet.

„ Schonen ſie auch ihre Geſundheit; denn ſie
„ ſind ſolche wegen ihrer wichtigen Dienſte, die ſie
„ der Welt leiſten können, der Welt ſchuldig. „

So

So predigt Weishaupt, der Stifter der Illuminaten, und man wirft ihnen noch Afteraufklärung, Sittenverderbniß, Untreue gegen den Staat, und Selbstmord vor, ihnen, die sich nur darum vorbereiten mußten, der Welt wichtige Dienste zu leisten? Freylich konnte und leider! mußte es auch unter den Illuminaten falsche Apostel geben. Die Illuminaten blieben noch immer Menschen, und Christus selbst hatte ja unter seinen zwölf Auserwählten einen Verkehrten. Wenn sich durch so einen Verfälschungen einschlichen, wie Weishaupt wirklich S. 197. gleich im Anfange klagen mußte, o so sey man gerecht, so verwerfe man die Uebrigen nicht, so denke man, daß die Apostel mit Recht dadurch nichts an ihrer Würde verloren, weil sie einen Judas unter sich zählten.

§. 21.

S. 201. Es mag gewiß vielen aufgefallen seyn, daß Weishaupt an dem Drucke kleiner Pasquille Wohlgefallen fand, weil sie die Ordenskasse bereicherten. Ob es gleich sicher nicht zu tadeln ist, wenn man durch erlaubte Wege Geld zu guten Absichten sammelt; so werden sie doch die Pasquille unter die unerlaubten rechnen, und dem Orden Frevel eines Gesetzes aufbürden, auf dessen Uebertretung in manchen Staaten grosse Strafen gesetzt sind. Allein auch dieser Sträflichkeit machte sich der Orden nie schuldig. Denn

1. kam dieser Vorschlag seit der Entstehung der Illuminaten zu keiner Zeit in Ausübung. Dieses wird dadurch bewiesen,

    a. daß in München über die Verfassung und Verbreitung der Pasquille an den Buchhändler Grätz und dessen Buchhalter Wolf die strengsten Fragen im Zuchthause gestellt wurden, daß sonst noch viele Untersuchungen geschahen, daß Winnkopp in Mainz darüber gefragt ward, und daß zum Resultate immer die Unschuld der Illuminaten herauskam.

    b. Weishaupt verwarf selbst morgen oft das wieder, was er heute annahm. Dies gestehen selbst die Originalschriften. S. 214, und 323. sagt er deutlich, er wünschte, daß zum Besten des Ordens satyrische Schriften, die nicht zu sehr in das Pasquillenmäßige verfallen, gedruckt würden. Keinem vernünftigen Gesetzgeber fiel es aber noch ein, Juvenale, Boileaus, und Rabener zu strafen, und man lacht heut zu Tage in Paris selbst, daß man den Tartüffe von Moliere aufzuführen verboth, weil sich ein Geistlicher am Hofe darinn leibhaftig geschildert fand.

2. Dieser Vorschlag blieb also blos Gedanke, von dem das gilt, was wir oben §. 2. sagten. Philosophisch betrachtet wäre er vielleicht nicht

sogleich zu verwerfen, wenn schon unsere Gesetze anders reden. Es giebt noch mehr Dinge in den Gesetzen und bey den Gesetzauslegern, wovon die Philosophie kein Wort weis. Ein gewiß nicht unphilosophischer Kopf denkt in Schlözers Staatsanzeigen, Heft XVI. S. 423. so:

„ Mich dünkt, ein rechtschaffner Mann hat
„ nichts zu fürchten, wenn seine Handlungen
„ öffentlich geprüft werden. Wer Schwach-
„ heiten hat, wie wir alle, muß leiden, daß
„ dieses öffentlich gesagt werde, und suchen
„ vollkommner zu werden: und die Furcht vor
„ der Prüfung würde vielleicht heilsame Wir-
„ kung thun bey Groß und Klein."

Nach solchen Grundsätzen handelt man in mehreren Staaten, und sogar in Rom, wo im Jahre 1724. nach dem Tode Innozenz XIII., wie gewöhnlich bey jeder Pabstwahl, auf die päbstlichen Competenten folgende Verse gemacht wurden:

Il Cielo vuol Orsini,
Il Popolo Corsini,
Le Donne Ottoboni,
Il Diavolo Alberoni.

Und was geschah? — Man lachte.

3. Die bairische Regierung selbst, welche doch den faktischen Beweis wider die Illuminaten hätte füh-

führen müssen, hat nichts wider sie aufbringen können, sie hat also nachgegeben, und hierinn die Unschuld der Illuminaten selbst erkannt.

§. 22.

Wenn es S. 210. heißt: „Werden unsre Kennt„nisse allgemein, so verlieren sie ihren Werth:" so ist dies eine Folge von dem damaligen noch unbearbeiteten Systeme. Wer die Statuten, die Grade und überhaupt die ganze Verfassung der letztern Jahre kennt, der wird gewiß überzeugt seyn, daß die Illuminaten häufig ausser ihrer Sphäre wirkten, und daß viele grosse Köpfe Deutschlands dem Orden vieles schuldig sind. Und hätte er nicht dadurch schon genug genützt, daß er die fähigsten Leute an sich zog, unterstützte und beförderte? Wäre nicht der Geist der Aemulation und das Streben nach nützlichern Kenntnissen allgemeiner geworden. Und zeigt nicht der Satz S. 210. „man müsse den Leu„ten die Moral vor der Politik lehren, damit nicht „Schelmen daraus werden," wie die Gesellschaft nur heilsame Kenntnisse aber behutsam verbreiten wollte? —

Eben dieser Satz beweist auch, daß man in höhern Graden nichts weniger als Religion zu vertilgen gesonnen war, wenn es heißt: „Mit Staats„ und Religions-Büchern muß man bey Anfängern „behutsam seyn." Bey Menschen, welchen erst müh-
sam

sam die Grundsätze der Moral fest eingeprägt worden sind, wie es durch den gedruckten kleinen Illuminaten-Grad geschah, ist so was unmöglich; und ein Mann, der so, wie Weishaupt in seinen fernern Briefen schreiben, und — was noch mehr ist, — handeln konnte, hat gewiß nie die Menschen von einer Religion abziehen wollen, von der er eben so viel predigt, als nach ihr handelt. Er konnte keine andere Absicht haben, als Aberglauben und dumme Vorurtheile auszureuten, die so lange das Wesentliche der guten Religion verunstaltet haben; eine Absicht, die kein Verbrechen heissen kann, weil geistliche und weltliche Fürsten das nämliche thun, und deswegen in den spätesten Jahrhunderten noch im Tempel des Ruhmes prangen werden.

§. 23.

S. 215. Es liegt in der Natur der Dinge, daß nichts bey seiner Entstehung ganz vollkommen ist. Welch ein Abstand herrscht nicht von dem Embryo bis zum dreyßigjährigen Manne, von einer aufsteimenden Eichel bis zum hundertjährigen Eichbaume? Wäre es nicht thöricht, von einem dreyjährigen Kinde das Betragen zu fodern, welches einem wohlgesitteten Jünglinge eigen ist? Hat nicht das beste Kind mit der vortreflichsten Anlage Unarten an sich, die es bey mehrerer Vernunft und unter weisen Führern ablegen wird? Und tritt nicht hier die A-
nalo-

nalogie mit dem Orden ein? Man hat gewiß schon viel an Besserung gewonnen, wenn man seine Schwäche kennen gelernt hat. Hier gesteht Weishaupt, daß ihm damals noch viele Einsicht fehlte, und wählte sich gewiß die besten Führer, Zeit und Erfahrung.

Ob die Anlage des Ordens schlecht war, laß' ich aus folgender Stelle beurtheilen: „Mon but est faire valoir la raison. Als Nebenzweck betrachte ich unsern Schutz, Macht, sichern Rücken von Unglücksfällen, Erleichterung der Mittel zur Erkenntniß und Wissenschaft zu gelangen; am meisten suche ich diejenigen Wissenschaften zu betreiben, die auf unsere allgemeine, oder Ordens-Glückseligkeit," (hier wird also das Wohl aller Menschen vorgesetzt oder vielmehr gar zum Besten des Ordens gemacht) „oder auf Privat-Angelegenheiten Einfluß haben, und die entgegengesetzten aus dem Wege zu räumen."

Urtheile, lieber Leser! aber wundre Dich nicht, daß der Mann und seine Anhänger verfolgt wurden, weil sie die Vernunft wollten geltend machen. Es nähren sich ja so viele von der Dummheit, daß der sterbende Vater in Gellerts Fabeln den dummen enterbten Görge für reicher hielt, als Christophen mit seinem Kästchen von Juwelen. Die Dummheit hat ihre eignen Handlungshäuser, die sich mit ihren Lorettoschäälchen, Hexenpulver und dergleichen

Banqueroute zu machen, und Legionen bekutteter Regimenter, die sich reducirt zu werden fürchteten. Unter ihrem Schutze sind feile Diener des Staats und des Fürsten sicher, und Rachgierde ist der Mühe überhoben, sich vor der Liebe schämen zu müssen. Man schliesse also auf die Macht der Feinde, und auf die Ursachen, die sie zur Vertilgung des Lichtes aufsuchen. Jeder noch so unschuldige aber ungezwungene Ausdruck ihrer Gegner ist Lästerung, jede Mine Hochverrath.

So eben fällt mir S. 216. ein Satz auf, der ebenfalls zu Misdeutungen Anlaß geben könnte. Er heißt: „ich mache jeden zum Spion des andern." Allein jeder, auch ein kluger Profaner, der sich einen Vertrauten, einen Herzensfreund aussucht, wird denjenigen, den er sich dazu wählen will, bey allen seinen Schritten verfolgen, wird seine geheimsten Gedanken ausspähen, kurz er wird im eigentlichen Verstande der Spion des andern, um zu prüfen, ob er seiner würdig ist. Sollte oder kann man deswegen die Freundschaft als gefährlich von der Erde verbannen? Und ist der Bürger dem Staate schädlich, der einem andern nachschleicht, um ihn zurechtzuführen, wenn er irre gehen wollte?

Auf die nämliche Art erklären sich S. 217. die Worte: „Sie werden nach und nach eine eigne Mo-
„ral, Erziehung, Statistik und Religion entstehen
„ se-

„ sehen." Wenn man der Erziehung ihre steife Pedanterie, der Moral die schädlichen Grundsätze, daß es erlaubt und lobenswürdig sey, Reichen das Leder zu stehlen, um es Armen zu geben, wenn man endlich der Religion die Misbräuche nimmt, und sie auf ihre erste Simplicität zurückführt, so sollte wohl etwas Eignes daraus werden.

Ich glaube, daß auch hier der Platz sey, den Leser mit den Grundsätzen der Illuminaten näher bekannt zu machen, wenn er sie nicht schon aus der Apologie der Illuminaten S. 124—130. kennt.

„ Nach dem Systeme der Illuminaten ist dieses Weltall die Wirkung einer höchsten, vollkommensten und unendlichen Ursache. Sie können sich nicht überzeugen, daß ein solcher Werkmeister eine Wirkung hervorgebracht habe, die seiner Vollkommenheit weniger angemessen, die nicht ebenfalls vollkommen und gut wäre. Daher herrscht in dieser Welt durchaus Ordnung und Harmonie; alles gründet sich in allem: nichts ist ohne Zweck, und jeder Theil richtet sich nach den unveränderlichen Gesetzen des Ganzen. Die anscheinenden Uebel und Unvollkommenheiten einzelner Wesen sowohl als des Ganzen, müssen also auch ebenfalls ihren Zweck haben, warum sie vorhanden sind. Dieser Zweck kann kein Uebel seyn; denn Gott will nur Gutes. Sie sind daher nach ihrer Meynung die Triebfedern, deren sich

sich die Vorsicht bedient, um Menschen aus einer minder vollkommnen Lage in eine beßere zu setzen. Sie sind Mittel zur Entwickelung der höhern Kräfte; sie erwecken die Bedürfnisse; diese reitzen die Thätigkeit, um sie hinweg zu schaffen. In dem Maaße als mehrere Bedürfnisse entstehen und befriedigt werden, entdeckt der Mensch neue Verhältnisse und Eigenschaften der Dinge; mehrere ihm vorhin gleichgültige Wesen erhalten einen Werth, und erscheinen als Mittel zu seinem Vergnügen; seine Erkenntnißkraft wird bereichert, und sein Zustand verbessert; er wird aufgelegter, ein neues Bedürfniß vorherzusehen, er wird dadurch aufgefodert, eine neue Entdeckung zu machen, durch die er neue Mängel vorhersieht, um neue Mittel zu ihrer Befriedigung zu finden. Und so ist die ganze Geschichte des Menschengeschlechtes eine Reihe aus einander entstandener und befriedigter Bedürfnisse, ein unaufhörlicher Uebergang von einem minder vollkommenen Zustande zu einem vollkommnern und bessern, die stufenweise Entwickelung einer ursprünglichen Kraft, von einem niedern zu einem höhern Grad. In jedem Moment befindet sich das Menschengeschlecht, in Vergleich gegen den so eben vorhergehenden, in einem verbesserten Zustande. Das Gesetz der ganzen Entwicklung führt allzeit zum Bessern; alle Uebel sind blos niedere Stufen, die wir durchlaufen, um zu höhern zu gelangen; sie sind Mittel zur Vervollkommnung unfers Geiftes; ohne folche wären diefe ein Unding; fie hören nun auf ein Uebel zu feyn, und werden fogar vorzügliche Güter. Alles ift ein Kind der Zeit; jede noch fo drückende Einrichtung ift für die Umftände angemeffen, in welchen fie gefchieht; alles trägt ohne Ausnahme zum Befferfeyn bey, ift ein harmonirender Theil von einem ungeheuern Ganzen, und ift in fo fern vollkommen und gut. Alle Uebel richten fich nach dem Gefichtspunkt, verlieren fich gänzlich in dem Allgemeinften, und der Egoift fieht ihrer am meiften. Die Illuminaten betrachten alfo alles als Theil eines höhern Ganzen, als Mittel zu einem höhern Zweck, als Verfuche zum Befferfeyn, aber nicht als das Befferfeyn felbft. Daher entfteht bey ihnen der fefte Glaube, daß Lafter und Ungerechtigkeit fich täglich, obgleich unmerklich, vermindern, daß kein Beftreben, das Gute in der Welt zu vermehren, fruchtlos fey, obgleich nicht allzeit der Erfolg fichtbar wird, den Menfchen berechnen; daß aber darum doch nichts ohne wohlthätige Folgen fey; daß fo manche Verfuche und Anftalten mislingen, weil ohne diefes Mislingen das Gute einer ganz andern Art, fo daraus entfteht, niemals entftanden wäre; daß andere weitere Anftalten nie zur Wirklichkeit kämen, wenn nicht gewiffe vorhergehende mislängen; daß in dem Plan der Vorficht fehr viele gute Anftalten aus keiner weitern Urfache wirklich werden,

den, als um zu scheitern, zu verfallen, und daß eben dies der einzige Weg sey, wodurch sie nützen; daß aber dieser Nutzen erst durch die entferntern Folgen sichtbar werde. Sie sehen nach diesen Grundsätzen vorher, daß alles Gute unendlich langsam, oder gar nicht reifen könne ohne zugleich alle damit verwandte Stufen des Uebels zu durchlaufen, weil dieß nöthig ist, um Bedürfnisse zu erwecken, und durch diese unsre Kräfte auf den Grad zu entwickeln, der unsern Zustand verbessert.

Die Illuminaten, diese Feinde der öffentlichen Ruhe, mußten also auch einsehen, daß der Druck dieses Zeitalters, die Verachtung, Erniedrigung und Verfolgung, in welcher dermalen bessere Menschen leben, nicht minder zweckmäßig, und für diese ein Wink und Ruf der Vorsicht sey, die dadurch in ihnen das Bedürfniß weckt, sich aus der Entfernung und Zerstreuung, in welcher sie bisher gelebt, zu sammeln, sich in ein gemeinschaftliches Band zu vereinigen, zu verstärken, um von den Mishandlungen der Verirrten unabhängiger zu werden. Noch allzeit hat das Uebergewicht der Stärkern Schwächere auf den Gedanken einer Vereinigung gebracht; Staaten selbst haben zum Theil keinen andern Ursprung; Furcht und Gewalt sind all wirkende Triebfedern; und das meiste Gute geschieht mehr aus Noth, als Ueberlegung und Gebrauch der Vernunft. Nur wenige, sehr wenige privilegirte Geister sehen
. vor-

vorher und unternehmen freywillig, wozu sich der Haufe nicht eher entschließt, als bis die Bedürfnisse dringender werden. Die Illuminaten hatten so gar so viel Vertrauen auf Tugend und Wahrheit, auf das Uebergewicht, das diese beyde dereinst erhalten sollen und müssen, daß sie glaubten, was vielen Thorheit scheinen, und Gelächter verursachen muß, daß jeder Mann von Einsicht und Herz fähig wäre, wenn er anders die Sache gehörig angriffe, die Welt umzustimmen und höhere Sittlichkeit zu verbreiten. Sie glaubten, jeder Freund der Tugend, jeder Mann von Kopf, könnte in dem Kreise, in welchem er lebt, zwey weniger verdorbene, ihm ähnlich denkende Menschen finden, um auf sie zu wirken. Es wäre auch keine Unmöglichkeit, diesen beyden seine ganze Lebenszeit hindurch höhere Grundsätze beyzubringen, ihnen seinen Geist einzuhauchen, sich mit ihnen zur strengern Ausübung seiner Pflichten zu verbinden, diese Ausübung zum ersten Lebensgeschäft und die Tugend zu einem Gewerb zu machen. Sie glaubten auch, es sey nicht minder möglich, daß diese beyde sich bereden ließen, und die Geschicklichkeit dabey erhielten, auf vier andere ihrer Freunde auf die nämliche Art, und diese weiters in einer fortschreitenden Progression zu wirken. So wüchse endlich der zarte Zweig zu einem starken Baum heran, und schon im ersten Anfang würden durch diesen Bund grosse Hindernisse

nisse der Tugend beseitigt. Sie hatten Ermunterung und Interesse gut zu seyn; sie waren gegen Verachtung und Mishandlung besser gesichert. Gute Thaten fanden ihre Kenner und erhielten ihre Be-Bewunderer und Nacheiferer, wenigstens in ihrem Mittel; sie fiengen an, den Ton zu geben, und auch andere, die aussen sind, nach sich zu stimmen; und käme dereinst mit ihrer Vermehrung und Anzahl auch die Macht in ihre Hände, so würden sodann sogar hartnäckige Böse genöthigt, aus Furcht eben so tugendhaft zu seyn, als dermalen aus der nämlichen Furcht vor dem Uebergewichte der Bösen, einsichtsvolle und moralische Menschen dem Laster huldigen und frohnen. Auf diese Art lauft das ganze, so sehr verschrieene Reformationsgeschäft der Illuminaten auf folgende sehr einfache und, wie ich denke, sehr wahre Säße hinaus:

Mache dich innerlich so vollkommen, als du kannst; versuche das nämliche bey andern, und lehre sie ein gleiches thun. Verlange nicht mehr, und sey ruhig, betrachte alles übrige als Gewinn, und überlaß es der Vorsicht und dem Gang der Zeit. Die Folgen werden sichtbar werden, wenn die Zeit dazu gekommen ist. Im Ganzen des Weltalls sammeln sich diese einzelnen Tropfen in ein Meer und bezeichnen dort einen sehr merklichen Grad von den Vorschritten des ganzen Geschlechts. Damit beruhige dich und sey gut. Wenn das mehrere zugleich thun

thun, so kann dieser gute Erfolg auch im Ganzen nie ermangeln.

So dachten die Illuminaten, diese Feinde der guten Sitten, des Staats und der Religion."

Man lese in der Apologie der Illuminaten noch weiter von S. 130.—149. und durchgehe die Apologie des Uebels und Misvergnügens, und das System über den Materialismus und Idealismus. Wer dann einen Stein gegen die Illuminaten aufheben will; der muß erst Christus und seine Lehre verläugnen, oder sie nie gekannt haben. Für die Aechtheit dieser Grundsätze hat Weishaupt in der Einleitung zu seiner künftigen Apologie S. 14. hinlängliche Bürgschaft geleistet, wenn sie Jemand widersprechen wollte.

§. 24.

Die Edictal-Provocation des Prof. Will wider Weishaupt und den Hofrath Hoheneicher in Freysingen hat mit Recht in den öffentlichen Blättern Aufsehen gemacht.

S. Freymaurerzeitung No. 43. Neuwied den 28ten May 1787.

Die Gründe des angeführten Blattes sah der S. 235. Genannte, als ein erfahrner Jurist wohl ein, und schwieg. Auf der 284sten Seite sagt Weishaupt zu Zwack: „In unsern geführten Correspondenzen ist es natürlich, alle Anzüglichkeiten wider Ajax und andere vor der Extradition auszustreichen. Also sagen ja die Originalschriften selbst, daß Weishaupt keine nachtheilige Nachrichten von andern verbreiten und nicht beleidigen wollte.

Die Seite 235. muß überhaupt die Feinde der Illuminaten beschämen. Sie nennen die Illuminaten schlechte Leute, und Weishaupt duldete nicht einmal einen, der nur in bösem Rufe stand, geschweige ein Mitglied, das eines Verbrechens überwiesen wäre.

§. 25.

Wer, als ein Mann mit guten Absichten, mit einem reinen Herzen, und mit brennendem Eifer für eine gute Sache kann so wie Weishaupt S. 271. und 72. sprechen? Selbst der Stifter eines göttlichen Instituts könnte keine andere Sprache führen. „Wenn ich das Gebäude misbrauchen wollte, blos „für mich sorgen, um reich, angesehen und mäch„tig zu werden, dann wär' es übel. Wie können „Sie dies von mir vermuthen? Ich lebe zufrieden „mit meinem Amte, verlange nicht weiter, habe „mein hinlängliches Auskommen, und begehre im „bürgerlichen Leben nichts weiter zu seyn, als was „ich bin. — —. Wir alle sind die Diener unsers „Zweckes; ich bin der erste Diener; denn ich ar„beite für euch alle." Hier muß einem die Stelle

aus

aus dem Evangelio beyfallen: Wer der Größte unter euch seyn will, der ist der Kleinste.

§. 26.

Zum Glücke finden sich noch mehrere dergleichen vortrefliche Stellen in den Originalschriften; sonst würden am Ende die Feinde der Illuminaten die Worte S. 275.: „ Wenn sie so fortfahren, wie seit „ einiger Zeit, so gehört in kurzer Zeit unser Vater„ land unser," auslegen, als wollten die Illuminaten die Wittelspacher vom Throne stürzen, um einen aus ihrem Mittel darauf zu setzen. Man sieht aus Allem, daß sie für das Reich der Vernunft fochten; und wo diese die Dummheit verjagt hatte, da war das Land ihnen, wenn sie auch keine einzige Loge darinn hatten. Leute die das erste vermuthen können, rechnen wir unter diejenigen Bedauernswürdigen, bey denen es mit ihrer Phantasie nicht richtig steht, und von denen der philosophische Arzt im 1ten Stücke S. 219. erzählt, daß einer glaubte, er habe ein Abentheuer gebohren, und vorher lange im Leibe getragen, da man ihm eine Pelzhaube in den Nachtstuhl warf.

§. 27.

S. 275. Da sehe man einmal wieder die Egoisten: „ In Beschliessung einer Sache lassen sie niemal „ Privat-Vortheile herrschen. Respicite finem, und „ so bald etwas ein unfehlbares Mittel dazu ist,
„ so

„ so ist es auch gut, wenn es gleich oft anserer Ei-
„ genliebe nicht schmeichelt." So heiliget der Zweck
bey den Illuminaten die Mittel, wenn man ihnen
denn doch diesen Satz aufbürden will; einen Satz
der gewiß der abscheulichste ist, wenn er zur Ermor-
dung des besten Königs und zur Vergiftung des
vortrefflichsten Pabstes verleitet. Die Illuminaten
mußten also verlieren, damit das allgemeine Beste
der Menschheit gewann, so wie einer sich ein bran-
diges einziges Glied abnehmen lassen muß, um dem
ganzen Körper das Leben zu erhalten, und in diesem Falle das Mittel durch den Zweck geheiliget
wird, ob es gleich sonst unerlaubt wäre, seinen
Körper zu stümmeln. Ueberall blickt die reine Absicht des Stifters hervor. „Ich schwöre zu Gott"
sagt er S. 280. „ daß ich nichts weiter suche, als
„ meinen Zweck. Dieser ist für mich Hinterhalt
„ und Zuflucht im Unglücke, für die Welt aber Bil-
„ dung guter Menschen, Verbreitung der Wissen-
„ schaften, und Schwächung boshafter Absichten.
„ Wenn ich dieses erhalte, so ist es mir gleich viel,
„ ob ich im Systeme der erste oder letzte bin."

§. 29.

Ich will nichts dem Orden zur Last legen, sagte
neulich Jemand, aber da hat denn doch die bairische Regierung recht, daß sie den Orden der Geld-
schneuzerey beschuldigt. Lieber Mann! Lesen Sie
ein-

einmal die Aussagen des Kasseverwalters, Herrn Kanonikus von Hertel und des Marquis von Costanza in der Apologie der Illuminaten S. 234. u. 238., und sie werden sehen, daß der Kasseertrag bey Aufhebung des Ordens nicht stärker als 275. fl. war. Betrachten Sie den Endzweck und die Art der Sammlung dieses wenigen; ich weis, Sie lieben die Wahrheit, und bin überzeugt, daß Sie alsdenn auch hierin Ihre Meynung ändern.

Wenn es gut ist, den Verstand und das Herz seines Mitmenschen zu bilden, so verdient der Zweck der Illuminaten gewiß Beyfall, und es ist ein grosser Gedanke ihn erreichen zu wollen. Nun sagen Sie, wenn auch die Illuminaten beträchtlichere Summen gesammelt hätten, wo ward jemals eine grosse Anstalt ohne Geld durchgesetzt? Oder warum soll dieses Mittel den Illuminaten nicht erlaubt gewesen seyn? Sie müßten nur Damians damit erkauft, grosse Comptoirs angelegt und doch darnach falsche Banqueroutes gespielt haben. Allein nur wenige, deren häusliche Umstände es erlaubten, zahlten einen monatlichen Beytrag zu 1 fl. und einen Dukaten bey der Aufnahme. Von diesem Gelde ward die Ordens-Korrespondenz bestritten; damit ward Nothleidenden zu Hülfe gekommen, die, wenn es nöthig wäre, dieses an Ort und Stelle bezeugen könnten. Kein Oberer hat sich bereichert; keiner durfte willkührlich über die Kasse schalten,

wenn

wenn er nicht Vorwürfe haben wollte. Lesen sie doch einmal den 34. Brief S. 294. 295. und 296., bedenken sie das Vermögen des Stifters selbst, und begleiten Sie ihn auf seinen Reisen; so werden Sie sehen, daß er sein Eignes zum Besten der Gesellschaft zusetzt, im Postwagen fährt und so sparsam als möglich lebt. Es läßt sich also gewiß nichts gegen die Sammlung des Geldes sagen, wenn die Art derselben erlaubt ist.

Auch diese ist es. Die Glieder trugen das Ihrige aus eignem freyen Willen bey. Kein Zwang, keine Furcht, kein Betrug erpreßte es von ihnen; die Mitglieder trugen diese unmerkliche Last gerne, weil sie einem Orden, der sich um die Bildung eines jeden verdient machte, so einen kleinen Tribut der Dankbarkeit zu zahlen für Pflicht hielten. Wer dies beschwerlich fand, ward erleichtert; und wäre Jemand nicht erleichtert worden; so konnte er ja aus dem Orden treten. Man müßte im Corpore juris erst den Titel de Donationibus ausstreichen, wenn man den Illuminaten ein Verbrechen daraus machen wollte.

§. 30.

Der 36te Brief S. 306. enthält wieder den sichersten Beweis, wie sehr die Illuminaten gegen die Jesuiten eingenommen waren. Es ist doch sonderbar, daß man jene der Verbrechen beschuldigt, deren

ren diese überführt sind. Um Meutereyen zu stiften, Fürsten zu morden, und Päbste zu vergiften hätten sich die Illuminaten ja nur mit den Jesuiten verbinden dürfen. Erprobtere Leute hätten sie nicht leicht gefunden. Sie thaten es aber nicht; und was Wunder, wenn sie von den Jesuiten verfolgt werden?

§. 31.

Die 309te Seite könnte auf Zwack ein falsches Licht werfen; denn es wird dort von seinem Arreste gesprochen. Wir theilen also dem Leser Folgendes zur Nachricht mit. Zwack schrieb eine Deduction gegen das Erzstift Salzburg wegen der beträchtlichen rückständigen Salzfoberungen an Baiern, und bediente sich in seiner Schrift beleidigender Ausdrücke gegen den Kaiserlichen Hof. Zu dessen Genugthuung bekam er drey Tage Civilarrest. Keine schlechte Handlung zog ihm also diese Strafe zu, sondern nur die Befolgung des Satzes: Magis movebit orator, si non solum acriter dicat, sed ferveat. Cicero sagte das in Rom, und ward durch seine Wohlredenheit Burgermeister, Zwack hätte aber denken sollen, daß er in Baiern lebt.

Uebrigens kennen wir keinen schönern Commentar über die Lehre Christi von der Selbstverläugnung, als eben die 308te und 309te Seite:

„Keine andere Belohnung, heißt es, als Schan-
„de

de, Verachtung, Verfolgung, ja den Tod selbst darf ein ehrlicher Mann in einer Welt erwarten, die durch den blosen Schein und ersten Eindruck regiert wird, und wo die besten Handlungen verkannt werden." Hier erscheint Weishaupt als Prophet; denn es traf wörtlich so mit seiner Stiftung ein.

„Wegen solchen Handlungen bestraft werden, fährt er fort, ist im Grunde Belohnung, abgendthigte Erklärung und Zeugniß von unserm moralischen Werth. Lesen sie das Buch des Seneka de Constantia sapientis!" Also keinen Selbstmord, sondern Duldung angerathen. — — O da ist's wohl glaublich, daß die Leute auf beyde Backen schlagen, wenn man ihnen auch den zweyten nach dem Evangelium hinhält. Wie lange würde wohl unser liebes Christenthum gedauert haben, wenn unsere Vorfahren so freygebig mit ihren Backen gewesen wären? Das sah Karl der Große wohl ein, und hielt den Sachsen lieber das Schwerd als den Backen hin. Darum war er aber auch der Große.

§. 32.

Bey der 313. S. wird mancher den Illuminaten den Vorwurf machen, daß sie zu schnell und zu häufig Leute aufnahmen. Leider bedauern diese selbst izt ihr Versehen. Aber es war gewiß nichts mehr als ein Versehen, und gewiß nichts weniger als ein Verbrechen, so lange sie nicht vorschrieben, schlechte Menschen aufzunehmen.

Man

Man lese einmal L'esprit des Journaux. Avril. 1787. p. 396., wo es heißt: Il n'y a que les malhonnetes gens & les libertins, qui redoutent les liens du mariage; und man sage, ob alsdenn die Illuminaten in die Klasse schlechter Menschen und der Freygeister gehören, da Weishaupt S. 315. der Originalschriften will, daß sich alle, wo möglich, bald verheyrathen sollen. Sie haben also gewiß nicht die Sodomie geliebt.

§. 33.

S. 315. „Die Dummen sind am besten, Proselyten zu machen." Dies ist ein Lieblingssatz der Jesuiten. Das ärgste, sagen sie, was einem Missionair begegnet, ist, daß er gemartert wird. Dann sprechen wir ihn heilig: und kann ein Dummkopf wohl mehr Ehre verlangen? — In diesem Sinne nahmen es die Illuminaten nicht, das zeigt das Vorhergehende. Sie glaubten nur, Dumme wären hiezu am besten zu gebrauchen, weil doch jeder unter der Direction seines Obern aufnehmen mußte.

§. 34.

Für einen Theil unserer Leser finden wir auch nöthig, über die S. 319., wo Weishaupt über die Zeremonien spricht, einige Bemerkungen zu machen.

Erstens spricht er von der Liturgie und den Zeremonien der röm. Kirche an seinen Freund nicht nur auf keine verächtliche Weise, sondern

Zweytens vielmehr von ihrer Erhabenheit, ihrer Nothwendigkeit, und ihrem grossen Einflusse auf das menschliche Herz. Nur erinnert er dabey, daß sie vieles verlieren, weil sie nicht mehr neu und alltäglich sind.

Drittens. Diese Anmerkungen wird man Niemanden, am wenigsten einem Professor der Philosophie und Kirchengeschichte, einem Freunde im vertrauten Briefwechsel übel nehmen können, weil die Erfahrung zeigt, daß sie wahr sind.

Viertens. Wenn man sich aus den Kirchen-Zeremonien die Regel für die Nothwendigkeit der Zeremonien in jeder Gesellschaft abzieht, so kann kein Vernünftiger darin schon eine Ursache der Entweihung derselben finden.

Fünftens. Diese von Weishaupt seinem Freunde empfohlne Aufmerksamkeit auf die Zeremonien bey Messen und Aemtern zeiget, daß diese doch öfterer in die Kirche gegangen sind, und darin ihre Zeit mit ernsthaftern Betrachtungen als viele andere gewöhnlich mit Schwätzen zugebracht haben.

Sechstens. Die hier bemerkten Kirchen-Zeremonien sind keine Glaubenslehren, sondern nur Aussenwerk der Religion, und selbst von den Juden und Heiden besonders zu Zeiten Constantins des Grossen entlehnt. (*)

* SUEUR Histoire de l'Eglise & de l'Empire ad A. C. 108.

Siebentens, wird jeder denkende Kopf zugestehen, daß ohne diesem Aussenwerke bey jenen sogar die Religion nichts wäre, welche nur an dem Äusserlichen hangen, welche nur nach diesem urtheilen, und die heiligen Geheimnisse nur sinnlich betrachten. Hörten bey solchen Leuten die Zeremonien auf, so wären alle Eindrücke auf Geist und Herz, und also auch ihre sonst so eifrige Religion dahin; denn sie empfinden allein durch die äussern Sinne.

§. 35.

S. 325. Hier denken wir, soll auch gegen diejenigen Stoff seyn, die der Gesellschaft der Illuminaten Despotismus vorwerfen, weil sie unbedingten Gehorsam verlangte. Wahrlich ist der Gehorsam nicht unbedingt, wenn es einem freysteht zu gehorchen oder nicht, zu bleiben und zu wirken oder sich der Herrschaft seiner befehlenden Obern zu entziehen und unthätig zu seyn. Scipio konnte austreten, und jeder andere konnte es, wenn er wollte. Was man dem Scipio sagte, ist so weit von einer Drohung der Verfolgung entfernt, daß es vielmehr der wohlgemeinteste Rath ist, den man einem auf die Reise mitgeben kann. Will er nun dennoch an ein so gefährliches Ort wallen, je nun, so sagt Weishaupt ganz richtig mit Johannes: Viele sind ausgegangen von uns, — oder besser, — sie waren nie bey uns, sonst würden sie bey uns geblieben seyn.

§. 36.

§. 36.

S. 330. Utzschneider und Consorten behaupten geradezu, daß die Illuminaten die Archive um Originale plünderten. Man sieht aber, daß hier nur der Wunsch vorkömmt, Archival-Urkunden und Manuscripte abschreiben zu können. Dergleichen waren ihnen bekanntlich nöthig, da sie die Absicht hatten, die Geschichte aufzuklären und zu ergänzen. Man weiß ja, daß sie schon zu dem Ende ein Musäum angekündigt hatten; und Weishaupt ließ diese Ankündigung in der Aopologie der Illuminaten noch einmal abdrucken. So einen Wunsch haben schon hundert Geschichtsfreunde geäussert, ohne daß sie eben Illuminaten waren; und sie machten sich keinen casum conscientiae daraus, verborgne unbekannte Dinge ans Licht zu ziehen, weil sie der gelehrten Welt und der Menschheit damit nützen wollten. Zu dieser Absicht sammelten die Illuminaten. Diese Absicht haben sie bewiesen, und wer sie einer andern beschuldigen will, der beweise öffentlich gegen sie. Das Interesse mehrerer Staaten fodert es, und wird ihn sichern.

Wir haben oben schon gesagt, und die Originalschriften zeigen es überflüßig, daß die Illuminaten eine immerwährende gelehrte Gesellschaft zu bilden suchten. In Baiern ist freylich auch das ein Verbrechen, denn da sind ja sogar auch Lesegesell-
schaf-

schaften verbothen. Dieß beweist auch ihr Bestreben Bücher zu sammeln. Wenn Weishaupt dazu ermahnt und sich des Wortes erobern bedient; so weiß wohl jeder Leser, daß erobern ganz was anders heißt, als stehlen, und daß ersteres zu ehrwürdig ist, als daß es mit dem zweyten niedrigen Ausdrucke in Vergleich kommen könnte. Nebendem kann das Wort erobern hier um so weniger stehlen bedeuten, als hier die Rede von Kloster-Bibliotheken ist. Ein Diebstahl heißt eine wider den Willen des Eigenthümers geschehene Entwendung, um solche zu eignem Besten zu benutzen. Man mag einigen Mönchsklöstern ganze Bibliotheken nehmen, sie werden nichts dagegen haben, wenn man ihnen nur ihre Bier- und Weinfässer läßt. Man kann also gar leicht die seltensten Bücher geschenkt, oder wenn sie ja in ein Buch gucken, durch Vertauschung theologischer Bücher bekommen.

§. 37.

Der 40te Brief S. 339 — 346. spricht ganz die Sprache des Apostel Paulus. Konnten wohl Lainez und Aquaviva die nämliche Sprache gegen ihre Ordensbrüder führen? Konnten sie sich eben dieser Absichten rühmen? Waren sie auch uneigennützig genug mit Spartakus zu sagen? S. 349. „Ich „bin auch mit kleinen Früchten zufrieden, denn die „grossen reifen nicht für mein Leben, sind blos für
die

„ die Nachkommenschaft bestimmt." O Illuminaten! wenn ihr es einem solchen Manne solltet übel gehen lassen, dann hättet ihr euer Schicksal verdient!

§. 38.

Als wir den 61. Brief S. 382. durchlasen, so dachten wir an Moser, der in seinen Reliquien sagt:
„ Die Schwachheiten grosser Männer sind wie die
„ Flecken eines schönen Gesichtes: sie sollten freylich nicht da seyn, sie erhöhen aber den Reiz der
„ übrigen Schönheit. — — — Wie ehrwürdig,
„ fährt er fort, ist ein grosser Mann im Unglücke,
„ er gleicht einer prächtigen Bildsäule, die in einer
„ gangbaren Straße eingestürzt ist; man nimmt
„ einen Umweg um sie herum, sie auch nach ihrem
„ Falle nicht zu beschädigen." Nur Buben, möchten wir dazu setzen, werfen sie mit Koth.

Und was that der Mann in seiner Swachheit, als er nämlich ausser der Ehe ein Kind zeugte? Brauchte er vielleicht ein Rezept pro abortu, oder Aqua Tofana? — Lieber Leser, höre einmal, was er sagt und thut: „ Ich wollte all mein Haab darum geben, wenn ich es ungeschehen machen könnte. — — Nun heißt es: hast du gesündigt, so
„ büße und leide, und merke dir das künftig."

§. 39.

§. 39.

Um die 387te Seite recht zu verstehen, wo es heißt: „daß Spartakus auf das neue Jahr mit ei„nem Sohne erfreuet zu werden hoffe;" muß man wissen, daß in der Maurerey derjenige Vater Fürsten und Königen, wenn sie einerley Grade mit ihm haben, vorgehe, sobald er einen Sohn im Orden hat.

§. 40.

S. 293. steht ein Brief des Freyherrn von Bassus an den Hofrath Zwack, vermuthlich um zeigen zu wollen, daß der genannte Freyherr dem ersten landesherrlichen Geboth vom 22. Jun. 1784. nicht gehorcht habe. Allein, wenn man auf das Datum dieses Briefes: Bozen den 23. Jun. 1784. sieht, so erreicht wohl der Sammler seine Absicht nicht.

Die zween darauf folgenden Briefe des Titus Aemilius an den Freyherrn von Bassus, und dessen Antwort darauf können bey einem unpartheyischen vernünftigen Richter nicht den mindesten nachtheiligen Eindruck gegen die Briefwechselnden machen. Titus Aemilius hat seinen Wohn- und beständigen Aufenthaltsort zu Inspruck, und Freyherr von Bassus in Graubünden; diese Briefe, die von Inspruck und Kur aus geschrieben sind, enthalten nichts von einer weitern Einführung und Einrichtung des Illuminatenordens in Baiern, sondern reden nur von dessen Verbreitung zu Inspruck; die Inwohner

uer von Graubünden und Tyrol bindet kein Verboth der bairischen Regierung; von dem in Baiern zwar begüterten aber nicht daselbst wohnhaften Freyherrn von Bassus kann man nicht mehr fordern, als daß er in Baiern aus aller Ordensverbindung mit den Illuminaten trete, daß er sie zu keiner fernern Fortsetzung ermuntere, oder sonst in den Kurfürstl. Staaten daran Antheil nehme, und daß er sich bey seinem allenfallsigen kurzen Aufenthalte in Baiern so betrage, wie sich jeder Fremde gegen die Polizeygesetze eines Landes betragen muß. Dies sind die einleuchtendsten Wahrheiten von der Welt. Aber eben so wahr ist es, daß diese Briefe nicht die mindeste Spur enthalten, daß die Briefwechselnden nicht das leisteten, was die bairische Regierung von ihnen fodern konnte.

§. 41.

S. 404. sagt Weishaupt: „Ob ich Geld brauche? „Das können sie sich vorstellen. Ich, der ich „Schulden hinterlasse. ꝛc." So also suchten sich die Illuminaten zu bereichern, daß ihr Stifter noch Schulden hat? Und Bürgersleute bothen ihm Geld an? Ist das nicht ein Beweis, daß er in gutem Rufe gestanden haben muß? Priester und Levit giengen also fluchend vorüber. Nur der Samaritan wollte Oel in die Wunde giessen. Heil den edeln Bürgersleuten! — — „Ich will nun sehen," sind

sei-

seine Worte S. 405. „ was Menschen für mich thuen,
„ nachdem ich soviel für sie gethan habe. Aber nein,
„ ich habe nicht um des Lohns willen so gehandelt."
Wer Gefühl für Edelmuth hat, der lasse sein Herz
hierüber sprechen! — — Wenn sie auch nicht hören
wollen, so verlasset das Land, und schüttelt den
Staub von euern Füssen!!!

§. 42.

S. 406. Die 28. Punkten wider das Verfahren
der bairischen Regierung in Betreff des Illumina-
tenprocesses hätte der Herausgeber dem Publikum
nicht vorenthalten sollen, weil er sich dadurch wider
den Verdacht ausgesetzt hat, daß er gerne über das
wegsprang, was die Illuminaten für sich hätten sagen können. Wären die Gründe für die Illuminaten
zu schwach gewesen; dann hätten sie ja die Sache
der Regierung gebessert.

§. 43.

Endlich kommen wir zum letzten Oktavblatt.
Durch dieses will gewiß das Kabinet beweisen, als
hätten die Illuminaten in Baiern wider das landesherrliche Verboth gesündiget, und eine neue Errichtung des Ordens zu bewirken gesucht. Darauf
ließ sich aber antworten:
1. ist dies wieder blos Gedanke, dessen Ausübung
bewiesen werden müßte, um den Namen eines
Verbrechens zu verdienen.

2.

2. Ist das blos Zwack's Gedanke von dem keine Sylbe sagt, daß er ihn nur einem einzigen mitgetheilt habe. Wenn also Jemand strafbar seyn sollte, so wär' es Zwack allein und nicht die übrigen.

Aber die Originalschriften entkräften selbst die Vermuthung eines ungehorsamen Gedankens von Zwack gegen das landesherrliche Verboth. An mehrern Orten z. B. S. 255. 294. 249. wird von Trennungen Meldung gethan; und vorzüglich die 349te Seite sagt ausdrücklich, daß der Orden dreymal wieder hergestellt ward. Dieses Oktavblatt kann sich also eben so gut auf dieselbigen Zeiten beziehen, als es die Feinde der Illuminaten gerne auf den letztern Verfall herbeyziehen möchten. Die Vermuthung der Schuldlosigkeit steht ganz auf der Seite der Illuminaten, und die bekannten Aussagen des Grafen von Savioli u. a. sprechen für sie.

§. 44.

So also hätten wir die merkwürdigsten Punkte durchgegangen. Wir wollten nicht mehr sagen um das richtende Publikum nicht zu ermüden, und um nicht das Schicksal so vieler anderer Schriften zu haben, welche die gute Sache der Illuminaten aufklären, aber nicht gelesen werden, weil ihre Bogenzahl zu groß ist. Wir glauben, daß es schon genug aus diesem wenigen erhellet, wie wenig die Illuminaten

a. Beutelschneider, (§. 9. in der Note u. §. 29.)
b. Sittenverderber und Afteraufklärer, §. 9. 12. in der Note, und viele andere §. §.)
c. Pasquillanten, (§. 21.)
d. Giftmischer (§. 14. u. 38.)
e. Justizmäckler und ungetreue Räthe (§. 10. u. 12. in der Note.)

sind.

Von dem letzten Vorwurfe können sich die Illuminaten sogae auch dadurch reinigen, daß sie sich kühn auf Akten als Zeugnisse berufen können, wie selbst Illuminaten Prozesse verloren haben, in denen die angesehensten Illuminaten Referenten waren. Die zwote landesherrliche Verordnung wider die Illuminaten vom 2ten März 1785. beschuldigte sie schon, daß sie *Factiones in Collegiis* und allgemeines Mistrauen im Publikum verursachten; und die dritte bestätigt diese Beschuldigung mit den Worten, daß die Illuminaten in den Collegien die Oberhand und Mehrheit der Stimmen erreicht hätten. Allein wenn man das wahre Ordens-Personale durchgeht, welches von ihnen selbst dem Kurfürsten übergeben ward, wenn man nun aus den Originalschriften die ersten Obern dieser Gesellschaft zuverläßig kennt, wenn man überdies bedenkt, wie leicht es der Regierung gewesen wäre, auf den Grund zu kommen, ob das übergebene Verzeichniß ächt gewesen sey; so muß man sich sehr wundern, daß so eine

Be-

Behauptung in ein kurfürstliches Mandat einfliessen konnte. Von dieser Gesellschaft waren

zu München in der obern Landesregierung unter 15 Räthen ein einziger, Graf Seinsheim, Vice-Präsident;

in dem Revisions-Gerichte unter 13. drey, von Werner, von Berger, Graf Lodron der Jüngere;

im Hofrath unter 38. neun, die Freyherren von Monjellaz, von Erdt, und von Gumpenberg, die Herren von Petenkofer, und von Kestler, Graf Savioli, von Zwack, Graf Seefeld der Jüngere, von Eckertshausen;

in der Hofkammer unter 53. drey, Graf Costanzo, von Zwack, von Massenhausen der Jüngere;

im geistlichen Rath unter 13. zwey, von Häffelein, Vicepräsident; von Pettenkofer;

im Kommerzienkollegium unter 9. drey, Graf Savioli, von Zwack, von Troponegro;

bey der Regierung Landshut unter 22. keiner;

bey der Regierung Straubing unter 21. zwey, von Jung, von Rieth;

bey der Regierung Burghausen unter 23. einer, Freyherr von Armensperg, der Jüngere.

bey der Regierung Amberg unter 30. vier, Graf Hollenstein, Statthalter; Freyherr von Löwenthal, Graf Hollenstein der Jüngere, von Grafenstein.

Veritas potest obumbrari, quia non est Deus; extingui non potest, quia a Deo est.

TERTULIANUS.

Durch das Wort Oberhand wird man wohl
nicht

nicht verstehen, als hätten diese wenigen Illuminaten die andern Räthe nach ihren Absichten und Meynungen zu lenken gewußt. Dies wäre eine Beleidigung für alle andere Beysitzer, und der größte Vorwurf für die Regierung, daß sie Leuten die Justizverwaltung und andere Staatsanliegenheiten vertraue, welche sich durch einen oder den andern ohne Prüfung, Selbsteinsicht und Ueberzeugung leiten liessen. Ausser dem muß die bairische Regierung nicht bedacht haben, wie gefährlich solche Beschuldigungen ihren eignen Kollegien in der Folge seyn können. Denn wenn der Landesfürst selbst in gedruckten Mandaten bekennt, daß seine Justizstellen durch Partheygeist und Faktionen seit mehrern Jahren beherrscht wurden; wer könnte es einer Parthie übel nehmen, welche zu den Blüthezeiten des Illuminatismus in Baiern einen Prozeß verlohr, wenn sie darüber neuerdings Revision suchen, im Weigerungsfalle bey den höchsten Reichsgerichten um Hilfe anrufen, und dort zu ihrer Begünstigung das eigne Geständniß des Regenten über das ehemalige Verfahren seiner Richter beybringen würde. Müßte die Regierung dann nicht entweder die Beschuldigung gegen die Illuminaten als ungegründet bekennen, oder die Revision zugeben, und dadurch für mehrere ähnliche Fälle die größten Verwirrungen erwarten?

§. 45.

So rein aber auch die Illuminaten von allen
Ver-

Verbrechen sind: so wenig hat noch Jemand der bairischen Regierung einen Vorwurf gemacht, daß sie diese Gesellschaft verbothen hat. Aber wäre auch der Orden der Illuminaten jedem Staate noch so gefährlich; hätte er und einzelne Glieder sich noch so verdächtig gemacht, und verdienten sie noch so sehr, daß man nach peinlichen Rechten gegen sie verfahre: so läßt sich doch auf keine Weise das Verfahren der bairischen Regierung rechtfertigen. Eine kurze Uebersicht der bisherigen Verfolgungsgeschichte soll das Urtheil des Publikums bestimmen.

Im Jahre 1784. wurden durch einen landesherrlichen Befehl vom 22. Junius alle geheimen Verbrüderungen überhaupt verbothen, und die Freymaurer-Illuminaten verehrten durch Folgeleistung den Willen des Fürsten. Bald darauf erschienen heimliche Denunziazionen unter dem Titel von Warnungen. Solche wurden unter der Hand gedruckt ausgetheilt, und waren namentlich gegen die Illuminaten gerichtet. Der Orden wußte zur Vertheidigung seiner Ehre kein anderes Mittel, als dem Kurfürsten die Vorlegung aller Ordensschriften anzutragen, (*) um eine gesetzliche Untersuchung zu

(*) Man lese die Gesuche der Verfolgten in der Apologie der Illuminaten S. 242., und die Regierung soll den ehrwürdigen rechtschaffnen Grafen von Seau eidlich vernehmen, ob es wahr sey was die Herrn Utzschneider und Kossandey in ihrem Werke: Grosse Absichten der Illuminaten behaupteten, als hätte man dem Herrn Grafen nur die Loge- und Freymaurer-Papiere eingehändiget, um diese dem Kurfürsten vorzulegen.

Als-

bitten, und die Diffamanten in öffentlichen Zeitungen zum Beweise ihrer Angaben aufzufodern. (*) Diese schwiegen, der Kurfürst hörte die Illuminaten nicht, vielmehr erschien das zweyte Verboth am 2ten März 1785. als ein Beweis, daß die heimlichen Denunzianten wirklich einigen Glauben fanden. Einstimmig behaupteten die Illuminaten daß sie den landesherrlichen Befehlen auf das genaueste den schuldigsten Gehorsam geleistet hätten und ihr Ungehorsam ist noch unbewiesen. Indessen wurden doch schon einige Mitglieder bestraft.

> Alsdenn wird sichs zeigen, daß genannter Herr Graf von den Illuminaten den Auftrag übernommen hatte, alle auch die Illuminaten Schriften auszuliefern, daß ihm zu diesem Ende neben dem Minerval- und kleinern Illuminaten-Grad, die ihm schon länger bekannt waren, auch der grössere und dirigirende Illuminaten-Grad übergeben, daß ihm diese durch den Hofrath Zwack und Hofmusikus Falgera in dieser Absicht vorgelesen und erklärt wurden, und daß er erst einige Tage nach der verweigerten Audienz diese mit den übrigen Schriften den Illuminaten zurückstellte.

(*) Es war zwar ganz wider die rechtliche Prozeßform, daß die Vorsteher einer nicht mehr existirenden Loge ex lege diffamari gegen anonymische Denunzianten ein Klaglibell drucken liessen, und darin selbst einen terminum sub poena perpetui silentii setzten. Die Sache der Illuminaten bleibt aber denn doch immer gerechtfertiget. Sie hatten keine andere Wahl, als vor das Tribunal des Publikums zu treten. Und da man in Baiern bey keiner Justitzstelle die Vorladung annahm; so konnten sie immerhin in diesem ungewöhnlichen Fall auch ein ungewöhnliches Mittel ergreifen.

Profeſſor Weishaupt ward mit Verluſt von 800. Gul‍den ſeines Dienſtes entſetzt, aus Ingolſtadt ver‍bannt, zu einem öffentlichen Glaubensbekenntniß verurtheilt, unfähig zu aller Vertheidigung erklärt. Weishaupt, der keine Strafe zu verdienen glaubte, weil er ſich keines Verbrechens bewußt war, fügte ſich nicht, bath um ſeine Entlaſſung, und erhielt ſolche mit dem Ausdrucke, daß er ein hochmüthi‍ger Aufpocher und berüchtigter Logenmeiſter wä‍re. Herr Fiſcher, Stadtoberrichter zu Ingolſtadt, welcher ſeinen Dienſt mit der Bedingniß erhalten hatte, daß er eine Wittwe mit mehrern Kindern hey‍rathen, und den Kaſſereſt ſeines Vorfahrers ab‍tragen ſollte, verlor durch eine Kabinetsreſolution am 4ten Auguſt 1785. eben am Tage Dominikus, des Stifters der privilegierten Mordbrenner in Spa‍nien, ſeinen Dienſt, und die Freyheit in Ingolſtadt zu bleiben. Sein Flehen um die ſtrengſte Unterſu‍chung vor ſeiner Obrigkeit, die Zeugniſſe des Ma‍giſtrats zu Ingolſtadt über ſeine bewieſne Recht‍ſchaffenheit, über ſeinen Fleiß, über ſeine Einſichten, alle Vorſprache, alles Bitten war nicht im Stande, ihm die Gnade ſeines Fürſten wieder zu erhalten. Der Benefiziat und Unter-Bibliothekair Drechſel zu Ingolſtadt ſah ſich zur nämlichen Zeit, ohne Genehmi‍gung des Biſchofes ſeines geiſtlichen Beneficiums und ohne Vorwiſſen der Schul-Curatel ſeiner Bibliothe‍kairſtelle beraubt. Seine Bitten blieben unerhört, ſeine Schriften unbeantwortet. Baron Frauenberg und andern Juriſten ward auf Hofbefehl die Relega‍tion

tion zu Theil. Alles dieses stehet ausführlich in der vollständigen Geschichte der Verfolgung der Illuminaten in Baiern. S. 270. — 373. Nun sollte denn doch dieses Verfahren der Regierung einen Schein von Recht und Gerechtigkeit haben. Itzt wurden also vier Männer, Professoren der Herzoglich Marianischen Akademie vor eine geheime Kommission gerufen, Männer, von denen man wußte, daß sie gegen die Gesellschaft der Illuminaten erbittert waren, Männer, die ihre Leidenschaften zu Heiligen, welche sie verehrten, und ihr Interesse zum Götzen, welchen sie anbeteten, aufstellten. Solche Leute erhielten den Auftrag, dasjenige, was ihnen vom Orden bekannt wäre, schriftlich zu übergeben, und einige Zeit darnach ihre schriftliche Aussagen auch zu beschwören. Aber man dachte nicht daran sie zur Rede zu stellen oder anzuhalten, woher sie all dieses wüßten.

Eh wir in der Geschichte weiter fahren, müssen wir uns hier bey einer Bemerkung aufhalten. Herr Hofrath Weishaupt hat zwar in einer eignen Schrift, die auch in der Apologie der Illuminaten von S. 261. — 306. abgedruckt ist, Punkt für Punkt diese Aussagen beleuchtet, und hinlänglich bewiesen, daß diese Zeugen keinen Glauben verdienen, daß sie vielmehr falsche Denunzianten und Ankläger seyen, und daß man sich vor einem ordentlichen Richter auf diese Art und mit den generellen Aussagen, durch die die Illuminaten der größten

Schand-

Schandthaten ohne alle Beweise, nähere Anzeigen und Thatsachen beschuldiget wurden, nie begnügt haben würde. Wir setzen aber noch einiges bey. Alle Lehrer des peinlichen Rechtes kommen damit überein, daß auch Zeugen, für die sich doch die vier Professoren, und nicht für Ankläger, wollen gehalten wissen, die Ursache ihres Wissens (rationem dicti) also doch Beweise geben, a. daß sie von eigener Erfahrung (sensu proprio) und nicht von Wahrscheinlichkeiten, Konjekturen (de crudilitate) ihre Außsagen ablegen, b. daß sie von einem ordentlichen Richter förmlich, mündlich gefragt seyn müssen, c. und daß ausser diesem in dem peinlichen Prozesse ihre Außsage ohne Wirkung verbleibe. Man lese darüber

ad *a.* den *Cod. Bav. Crim.* 2. Th. 5. Hstck. 13. §. CAR. POENAL. Art. 65. verba: ihres Wesens gründliche Ursach. CARPZOV. P. 3. qu. 114. n. 62. KOCH. *Inst. Jur. Crim.* §. 839.

ad *b.* CAROL. POENAL. art. 65. FRID. BOEHMER. *Medit. in Const. crim. Carol.* ad dictum artic. p. 253. CARPZOV. P. 3. qu. 114. Quistorps Grundsätze des deutschen peinl. Rechts §. 560.

ad *c. Cod. Bav. Crim.* 2. Th. 5. Hstck. 14. 15. 16. §. BOEHMER. cit. lib. p. 254. CARPZOV. P. 3. qu. 114. n. 8. KOCH. cit. lib. §. 842. Quistorp §. 567. Und nun prüfe man nach diesen gesetzlichen Vorschriften die oft angeführten Außsagen, und man wird mit

mit leichter Mühe entdecken, daß dabey keine einzige beobachtet wird.

Wir kehren nun wieder zur Geschichte zurücke. Noch vor der Beeidigung der vier Marianischen Professoren, ward das dritte kurfürstliche Verboth kund gemacht. Man versprach zwar darin allgemeine Verzeihung, setzte aber die Verfolgung mit doppeltem Eifer fort. Die Aussagen der genannten Zeugen bliebeu den Beschuldigten verborgen, kein einziger ward vernommen, und auf einmal verkündigte man aus dem Kabinete die härtesten Urttheile. Graf Savioli, kurfürstlicher Kämmerer, ein Mann von unbescholtnem Eifer, unermüdetem Fleisse und bekannten grossen Geschicklichkeit, der zwanzig Jahre im Hof- und Kommerzienrath und der Akademie gedienet hatte, ward seiner Dienste entsetzt, und mit einem grossen Verlust seiner Besoldung mit Frau und Kindern nach Italien verwiesen. Graf Costanzo K. Kammer- uud Hofkammerrath, verlor nicht nur seine Stelle, sondern auch die Anwartschaft auf das einträgliche oberpfälzische Forstamts-Commissariat, und mußte ebenfalls nach Italien wandern. Dem Kanonikus Zertel wurden die Einkünfte seiner geistlichen Pfründe sequestrirt, ohne daß darüber die Genehmigung des Bischofes gesucht wurde, ohne daß der Bestrafte eine kanonische Strafe verdient hatte. Der K. Hof- und Hofkammerrath, und Fiskal Zwack sah sich alle seine Stellen genommen, und mit einer weit geringern Besoldung als

Regierungsrath nach Landshut versetzt. Freyherr von Meggenhofen ward vor einer Kommission auf das strengste gefragt, ob er und die Illuminaten keiner Staatsverbrechen schuldig seyen, und als sich nicht das mindeste davon fand, mußte er als Soldat und Officier zur Erlernung besserer Religions-Grundsätze, über die man ihn nicht fragte, und keine Vorwürfe machen konnte, vier Wochen lang bey den Franziskanern eingesperrt bleiben. Der K. Rath Fronhofer ward seiner Schul-Rektoratsstelle beraubt, und mit einem geringen Gnadengehalte als Sekretair bey der Regierung zu Straubing angestellt. Hofkammerrath März mußte in Zeit von 24 Stunden die sämmtlichen kurfürstlichen Staaten meiden. Stadtrath von Delling wurde drey Tage eingesperrt, aus der Stadt verwiesen, und auf immer der kurfürstl. Dienste unfähig erklärt. Die Schulräthe und Priester Bucher, Socher, Duschl und noch andere mußten ihre Aemter andern überlassen, und bekamen den Befehl, die Hauptstädte Baierns nie zu betreten, obgleich der Fürstbischof von Freysingen alle Geistliche seines Kirchsprengels nach geschehener Untersuchung für schuldlos erklärte. So viel konnte eine einzige Stimme aus dem Kabinete. Gar zu gerne hätten die Feinde der Illuminaten diesen Unglücklichen, über deren Moralität man nichts aufbringen konnte, auch den Prof. Baader, Revisionsrath Berger, Grafen von Seinsheim und Freyherrn von Monjellaz beygesellt. Allein den erstern schützte die von den Baiern angebethete und erhabne verwittwete Kurfürstinn als ihren Leibarzt, den andern seine Anverwandten durch die erworbne Gunst des Pater Frank, den Grafen Seinsheim sein hoher Adel, seine Verbindung mit diesem, und der freye Zutritt zu dem Kurfürsten, bey dem er mit dem Schilde seiner Unschuld gegen die geringste Bewegung der Verläumdung sogleich kämpfen konnte;

der

der Freyherr von Monjellaz aber, den man schon wirklich der Inquisition übergeben wollte, befreyte sich dadurch, daß er persönlich den Kurfürsten an sein ihm heilig gegebenes Wort erinnerte, nicht ohne gerichtliche Untersuchung verdammt zu werden, daß er auf dieser bestand, und daß man ihn lieber ferner unbetastet lassen wollte, als ihm diese zugestehen. Kein Bitten konnte die Unglücklichen retten, kein Richter durfte sie hören, man suchte nur insgeheim Verbrechen gegen sie auf, und endlich ließ man sogar Inquisiten des nämlichen Prozesses eidlich vernehmen. (*) Dem ungeachtet konnte man nichts wider die Illuminaten aufbringen. Es schien also, man würde sich mit den geschlachteten Opfern begnügen. Allein ein Zufall machte die bis dahin unbekannt gebliebenen Aussagen der vier Professoren durch den Druck bekannt. Sogleich zeigten die bestraften Illuminaten den Partheygeist und den Haß dieser Zeugen, sie brachten gegen die Personen, gegen die Zeugenverhöre und die Aussagen ihre rechtlichen Exzeptionen vor, sie enthüllten die Widersprüche, die willkührlichen Auslegungen, die Konsequenz-

ma-

(*) Man wird aus den beschwornen Protokollen, welche zu Ingolstadt über den Priester Drechsel und Repetitor Duschl geführt wurden, und in der Geschichte der Verfolgung der Illuminaten S. 320 — 373., auch in der Schrift des Prof. Kandler sich finden, sehen, daß diese beyden Personen als Illuminaten des Ungehorsames wider die landesherrlichen Befehle und im allgemeinen der Verbrechen des Ordens beschuldigt wurden, Verbrechen, die man ihnen nicht nannte, nach denen man aber die Fragstücke einrichtete, daß sie mit einem Eide belegt wurden, daß sie sich auf diesen und auf ihre Unschuld beriefen, daß man ihnen keinen Meineid bewiese, daß sie aber dem ungeachtet gestraft wurden. Das heissen die Juristen mit dem Eide spielen.

macherey, erbothen sich zum Gegenbeweis, und wiederholten ihre Bitte um Gerechtigkeit, und um reassumtionem processus.

Beweise darüber sind die verschiednen Bittschriften, welche die Verfolgten der Regierung übergaben; Beweise sind die Apologie der Illuminaten von Herrn Hofrath Weishaupt, und dessen Schrift mit dem Titel: Anzeige eines aus dem Orden der Freymaurer oder sogenannten Illuminaten getretenen Mitgliedes in Baiern über die Einrichtung und den Zweck dieser Gesellschaft, mit Anmerkungen 1786.

Die Feinde der Illuminaten sahen die Wichtigkeit dieser Gründe ein, sie bemerkten die Wirkungen, welche diese Schriften bey dem Publikum und selbst am bairischen Hofe hervorgebracht hatten, sie befürchteten eine ordentlichere Untersuchung, und verbreiteten also den Ruf, daß die Illuminaten gegen das landesherrliche Verboth Versammlungen gehalten hätten. Sie bewirkten eine Hausdurchsuchung bey dem Regierungsrath Zwack, die dort vorgefundenen Papiere mußten Beweise von Verbrechen, und neuen Stoff zur Verfolgung geben; vorzüglich aber dachte man, den höchsten Grad von Wahrscheinlichkeit auf die leichteste Art zu erhalten, wenn der Eigenthümer eingekerkert würde, und ohne Vertheidigung blieb. Daher die schnelle Verfügung des Personalarrestes gegen Zwack, daher bey seiner Entfernung die gewaltsamen Mittel, um sich seiner zu bemächtigen. Sechs Monate nach dieser Geschichte wurden endlich die vorgefundenen Schriften gedruckt.

Nun fängt eine neue Epoche der Verfolgung an. Vierzehn Tage nach dem Verkaufe der Originalschriften wurde Hoffammerrath Massenhausen und einige Tage nach diesem Kanonikus Hertel wegen

gen diesen Schriften eingekerkert und seit dem öfterer darüber verhört. Auffallend ist es, daß man nur diese Illuminaten und erst dann einsperrt, nachdem man die Papiere schon sechs Monate in Handen hat. Auffallend ist es, daß wider die mit den Bischöfen errichtete Konkordaten ohne Genehmigung des Ordiniariats zu Freysingen der Priester Hertel in den *Carcerem episcopalem* geführt, und dort selbst ohne Beyziehung eines bischöflichen Kommissairs zu Rede gestellt wird. Auffallend ist es, daß man dem Bischofe, der seine Rechte und Untergebene schützet, auf seine eingelegte Protestation gar keine Antwort giebt.

Nicht nur Hertel und Massenhausen leiden, man sucht auch Weishaupts und Zwacks Aufenthalt unsicher zu machen, und sie im Stillen aufzufangen. Es wundert uns, daß das bairische Kabinet keine andern Wege einschlägt. Es weis doch, daß der Herzogl. Sachsen-Gothaische Hofrath Weishaupt unter dem Schutze des Reichstages steht. Er ist der bairischen Dienste und Pflichten seit etlichen Jahren förmlich entlassen; und der bairische Hof hat weder dem Herrn Herzoge von Sachsen-Gotha, diesem weisen und gerechten Fürsten, noch dem ansehnlichen Gesandschafts-Kollegium zu Regenspurg, Anzeigen von Verbrechen, deren er sich sollte schuldig und dadurch des Schutzes unwerth gemacht haben, vorgelegt. Dennoch haben alle Kommendanten der Kurfürstlichen Lande den ernstlichen Auftrag, ihn gefänglich einzuziehen, sobald er bairisches Erdreich betritt. Den Kurkölnischen Hof- und Fürstl. Lüttichischen Legationsrath Zwack, der seiner bairischen Dienste ganz gewiß entlassen seyn muß, weil man ihn durch das Reskript vom 31ten Octob. 1786. kassirte, und nachher den Arrest, welcher auf seinen Meublen haftete, aufhob, der im Angesichte des ganzen Reiches sich acht Monate

bey

bey dem Kammergerichte zu Wezlar aufhält, seitdem in so vielen gedruckten Bittschriften seine Unschuld behauptete, um eine gesetzliche Untersuchung bath, und sich vor dem ordentlichen Richter zu stellen erboth, der die besten Zeugnisse seiner Treue; seines Eifers, seines Fleisses in den Diensten seines Fürsten vorlegte, dessen Aeusserungen Niemand widersprach, den man von Seiten des bairischen Hofes ruhig und ungestört in Wezlar läßt, diesem Manne setzte sich das Münchner Kabinet mit aller Gewalt entgegen, sobald es vernahm, daß er in Regenspurg als Lüttichischer Legationsrath und Sekretair erscheinen wollte, man ließ durch den bairischen Gesandten erklären, er sey zu diesem Amte unfähig, man würde ihn niemals durch die bairischen Staaten nach Regenspurg reisen lassen, ohne ihn auf dem Wege einzuziehen, würde ihn mit Gewalt auch von der Seite eines Gesandten wegreissen und in's Gefängniß schleppen; Zwack sey in Baiern noch unter der peinlichen Inquisition, und eben deswegen gründe sich das Recht auf seine Person, die er durch die Flucht gerettet hätte. Indessen wissen wir kein Verbrechen, das ihm den peinlichen Prozeß zugezogen hätte, keine Ursache, warum er in Wezlar weniger ein Verbrecher sey, als in Regenspurg. Alle Obrigkeiten in Deutschland stehen in wechselseitiger Verbindung, und man hätte seine Auslieferung in Wezlar eben so gut verlangen können wie in Regenspurg. Warum hat man so lange gezaudert, wenn er ein Verbrecher ist? Mit welchem Rechte kann man behaupten, daß er ein Flüchtling sey? Er ist von keinem Gerichte, er ist nur vor der Kabinets-Justiz, und den Kabalen geflohen; er hat seinen Aufenthalt angezeigt, das thut kein flüchtiger Verbrecher, er hat um einen ordentlichen Richter und um Gerechtigkeit gefleht, das thut kein strafbarer Flüchtling. In einem Lande, wo man die Ehre des ehr-
lich-

lichſten Mannes nicht ſchont, iſt das Leben eines Epiktets nicht ſicher. Die Feinde der Illuminaten ſagten überall, daß der Freyherr von Kern, welcher Kanzleyverwalter bey der Landſchaft war, das Archiv der wichtigſten Urkunden beraubt, und dem Kaiſerlichen Hofe ausgeliefert hätte. Von Kern bath ſelbſt um Unterſuchung, die Landſchaft fand ihn unſchuldig, und zu ſeiner Genugthuung ward er Vicekanzler, eine Sache, wovon alle Zeitungen ſprachen.

So hätte die bairiſche Regierung handeln, nicht aber die Fideikomiß-Güter des ungehörten Herrn von Baſſus einziehen, nicht nach Willkühr des Kabinets durch zwey aus dem Hofrath gewählte Kommiſſairs, (*) die Sache der Illuminaten behandeln

(*) Un bon Prince ne doit jamais oter la connaiſſance des cauſes criminelles aux Juges ordinaires et naturels, pour le faire juger par des Commiſſaires. (Que peut il avoir de plus ſuſpect, et de plus redoutable a des accuſés, dit Monſ. Peliſſon dans l'Apologie d'un illuſtre Criminel, que des juges, non pas naturels et ordinaires, mais établis exprès contre eux; et qui, a regarder les exemples du paſſé, ont toujours ſu condamner, et jamais abſoudre? L'hiſtorie remarque avec éloge, que Henri le Grand ne fit jamais faire le procès par Commiſſaires a qui que ce ſoit, quoique cette voye lui eut été ſouvent propoſée. Tout ce qui eſt naturel et ordinaire, eſt ſuſpect au peuple: un innocent même condamné par le Parlement, paſſe toujours pour coupable: un coupable même, condamné par des Commiſſaires, laiſſe toujours au Public, et a la Poſterité quelque ſoupçon d'innocence. Temoin la reponſe de ce bon Céleſtin de Marcouſſy, qui
dit

deln laſſen ſollen. Dies wäre der Wunſch der Nation geweſen, und nicht, wie ſeit Kurzem die Zeitungen melden, die Vertilgung der Illuminaten. Die Baiern waren ruhig, als Jeſuiten und Mönche Feuer und Schwerd wider die Illuminaten predigten, und die ordentliche Obrigkeit ſaumſelig nannten. Es iſt überhaupt gegen die Neigung eines Unterthans Machtſprüche zu wünſchen. Die Baiern ſind zu gut, zu Gerechtigkeit liebend, zu ſtolz auf ihre Freyheit, auf die Verträge mit ihren Regenten, auf ihre Geſetze, zu edel, zu eingedenk der Rechtſchaffenheit der Verfolgten und zu patriotiſch, als daß ſie den Untergang eines einzigen ihrer Mitbürger verlangen könnten, und ſie ſind zu klug, als daß ſie nicht vorherſehen ſollten, wie leicht auch Kabinetsjuſtiz gegen ſie misbraucht werden könnte.

Ver-

dit a François I. qui plaignait Jean de Montaiqu, d'êtr! mort par Juſtice. *Ce n'eſt pas par Juſtice, Sire, c'eſt par Commiſſaires.*) Et cette diſtiction de juſtice d'avec Commiſſaires entra ſi avant dans l'eſprit de *François*, qu'ayant donneé depuis des Commiſſairs a l'Amiral Chabot, il voulut ſavoir du Chancelier Poyet, qui en était le premier, quels etaient les vingt-cinq crimes capitaux, dont il diſoit avoir convaincu Chabot: après quoi il ſe moqua dit Chancelier et de ſa juriſprudence, tant il trouva lègers et frivoles ces prétendus crimes capitaux. Le Cardinal de Richelieu n'y regarda pas de ſi prés dans ce procès du Marillac, dont la probité et l'innocence etaient de notoriété publique. Auſſi eſt-ce une des taches ineffaçables de ſon Miniſtére, qui, ſans doute, aurait été infiniment plus glorieux, s'il eut laiſſé agir les Loix du Royaume, et par conſéquent la juſtice ordinaire, dans les Cauſes criminelles des grands. *Lettres du Cardinal d'Oſſat avec des notes Hiſt. et Polit. de Monſ. Amelot. Lettre 315, Not. 3.*

Vermuthlich werden solche Dinge ausgestreut, weil man sieht, wie wenig die Originalschriften beym Publikum wirken.

§. 46.

So himmelschreyend aber auch das Verfahren gegen die Illuminaten ist; so wenig ist die verdienstvolle, die mitleidige, die geliebte Frau Herzoginn Schuld daran, so wenig hat der Beste des Fürsten Antheil an der Verfolgung. Wir könnten Beyspiele anführen, wo selbst auf Verbrecher seine Gnade gleich einem milden himmlischen Regen freywillig herabträufelte; Barmherzigkeit thronte stets in seinem Herzen, sie, die eine Eigenschaft der Gottheit selbst ist, und durch die die Menschen der Gottheit ähnlich werden. Hier sind nicht einmal Verbrecher, hier wird nur Gerechtigkeit, nicht einmal Gnade verlangt. Wer gnädig seyn kann, der muß noch eher gerecht seyn können. Aber leider ist er mit wichtigern Dingen beschäftiget, als daß er auf seine verfolgten Unterthanen niederblicken könnte; leider! umgiebt seinen Thron eine fürchterlich schwarze Gewitterwolke, die ihm alle Aussicht auf die Unglücklichen benimmt.

Liebes Büchlein! nahe dich ihr nicht, sonst wirst auch du, von ihrem Feuer verzehrt!